CORRIGÉ

DES

EXERCICES FRANÇAIS.

Cet ouvrage se trouve aussi chez M. CHAPSAL, professeur de Grammaire, d'Histoire et de Géographie, Rue de la Cerisaie, n° 5.

C.

EBERHART, Imprimeur, rue du Foin-Saint-Jacques, n° 12.

CORRIGÉ

DES

EXERCICES FRANÇAIS

SUR

L'ORTHOGRAPHE, LA SYNTAXE ET LA PONCTUATION ;

Par M. NOËL,

INSPECTEUR-GÉNÉRAL DE L'UNIVERSITÉ, CHEV. DE LA LÉGION D'HONN.

et M. CHAPSAL,

PROFESSEUR DE GRAMMAIRE GÉNÉRALE.

SECONDE ÉDITION.

PARIS,

MAIRE-NYON, SUCᵉ D'AUMONT, Vᵉ NYON Jᵉ, LIBRAIRE,
Quai Conti, nᵒ 13.

BORET, LIBRAIRE, rue Hautefeuille, au coin de celle du Battoir.

1824.

CORRIGÉ

DES

EXERCICES FRANÇAIS.

~~~~~~

CHAPITRE PREMIER.

———◆———

EXERCICES

SUR CERTAINS VERBES RÉGULIERS DES QUATRE CONJU-
GAISONS DONT L'EMPLOI PRÉSENTE QUELQUES DIFFI-
CULTÉS.

(*V*. Gramm., depuis la p. 35 jusqu'à la page 42 comprise.)

1. DIEU appela les eaux pour punir la terre couverte de crimes.

2. Saint Louis rejetait les conseils de la politique, quand ils n'étaient pas d'accord avec la vertu.

3. Il est rare que nous nous réconciliions avec un homme dont le crime, à nos yeux, est d'avoir blessé notre amour-propre.

4. Les choses dont nous nous soucions le moins sont souvent celles qui contribuent le plus à notre bonheur.

1

5. Les moyens les plus sûrs que nous employions pour assurer notre félicité, sont ceux que la vertu avoue.

6. C'est lorsque nous nous croyons assurés d'une longue prospérité que la fortune nous abandonne.

7. Tout ce qui nous environne nous renvoie notre image ou adoucie ou changée.

8. Rien ne plaît, rien n'agrée de la part de quelqu'un qu'on n'aime pas.

9. Rappellerai-je ici ces jours de deuil tant de fois rappelés, où la mort d'un roi vertueux semblait amonceler sur la France une foule de calamités.

10. Permettez que nous essayions de retracer l'état florissant où se trouvait alors ce beau royaume.

11. Je hais tous ces romans dont la lecture aride
Dessèche mon esprit, et laisse mon cœur vide.

12. Bénis soient les rois qui ont été les pères de leurs peuples.

13. Nous envisageons la nature sous d'autres points de vue que les anciens.

14. Nous cotoyions les rivages de la fertile Égypte, lorsqu'un vaisseau phénicien vint à nous, et nous fit prisonniers.

15. Que d'hommes, comme les plantes, ont végété sur cette terre!

16. Il est difficile que vous conciliiez vos devoirs avec le goût des plaisirs.

17. Ne jugeons promptement de personne ni
en bien ni en mal.

18. La mort sépare les hommes, et les re-
joint.

19. C'est dans les ouvrages de Racine que
la poésie déploie toutes ses richesses et son
éclat.

20. Vous récréerez votre esprit par la variété des objets que vous lui offrirez.

21. Le crime se décèle presque toujours.

22. C'est en haïssant le vice que nous nous
fortifions dans l'amour de la vertu.

23. C'est en interrogeant fréquemment la nature qu'on lui arrache ses secrets.

24. Nous amoncelons des richesses comme
si nous devions toujours vivre.

25. Les hommes haïssent souvent ceux qui
les ont obligés, et cessent de haïr ceux qui leur
ont fait outrage.

26. Il n'est rien que nous oubliions aussi
promptement que les malheurs passés.

27. Dieu exige que nous employions au sou-
lagement de nos semblables les richesses qu'il
nous a départies.

28. Tout rappelle l'homme à ses devoirs.

29. Les anciens érigeaient en divinités les hommes qui avaient rendu des services éclatants à leur patrie.

30. J'aime encore plus Cinna que je ne hais Auguste.

31. Fasse le ciel que nous n'enviions aux riches que le pouvoir de faire des heureux !

32. On appelle flux et reflux le mouvement régulier et alternatif des eaux de la mer.

33. L'homme, par ses désirs, empiète sur l'avenir, comme si la vie n'était pas déjà assez courte.

34. Comment expliquer avec fruit les préceptes d'une science, si nous ne les appuyons d'exemples propres à les graver dans la mémoire.

35. On augmente son bonheur en le partageant avec un ami.

36. Ils ont béni le ciel qui leur a accordé un roi si digne de leur amour.

37. L'homme sensé ne répond jamais aux injures.

38. Notre intérêt exige que nous ne nous confiions qu'à des hommes d'une vertu éprouvée.

39. Tel excèle à rimer qui juge sottement.

40. Rien ne recrée la vue comme la présence de ceux qu'on a obligés.

41. Il n'est rien que je haïsse autant que la flatterie.

42. Environnés d'une foule de préjugés, nous envisageons rarement les choses sous leur véritable point de vue.

43. Imitons ce saint roi, afin que, pratiquant les mêmes vertus, nous enviions et méritions la même immortalité.

44. Tout ce qui a vie dans la nature vit de ce qui végète, et les végétaux vivent à leur tour des débris de tout ce qui a vécu et végété.

45. Les arts florissaient à Athènes et à Rome, sous Périclès et sous Auguste.

46. Dieu envoie aux uns les secours nécessaires pour vivre, et aux autres des consolations pour bien mourir.

47. La religion exige que nous n'employions que les bienfaits pour nous venger de nos ennemis.

48. La vertu seule peut rendre un état heureux et florissant.

49. La fortune des joueurs change avec la même promptitude que les dés qu'ils jettent.

50. Est-il quelque chose que nous enviions plus que les faveurs de la fortune, et qui soit peut-être moins digne d'être désiré?

51. Un homme indiscret est une lettre dé-cachetée : tout le monde peut la lire.

~~~~~~

CHAPITRE II.

——

EXERCICES

SUR LES PRINCIPALES DIFFICULTÉS QUE PRÉSENTE
L'ORTHOGRAPHE DES MOTS.

(*V*. Gramm., p. 71 et suiv.)

1. C'est la *destinée* des grands hommes d'être attaqués pendant leur vie.

2. La *plaie* qui blesse le cœur ne peut trouver son remède que dans le cœur même.

3. Les *vertus* se perdent dans l'intérêt, comme les fleuves se perdent dans la mer.

4. Les hommes trouvent une sorte de *vanité* dans leurs *égarements*.

5. La *lumière* nous *arrive* du soleil en huit minutes environ.

6. Les vœux que la crainte *arrache* à l'homme s'évanouissent avec le *danger*.

7. Le *coloris* résulte du *mélange* et de l'emploi des couleurs.

8. La victoire marche sous les *drapeaux* de l'*équité*.

9. L'âge amortit les passions, et les force à *s'éteindre*.

10. Nous aimons mieux nous exposer au blâme que de nous *contraindre*.

11. Les écrivains du siècle de Louis xiv ont perfectionné, et *enrichi* notre langue.

12. Les chrétiens ne meurent pas, ils ne font que *changer* de vie.

13. *L'impunité* commence par *rendre* les lois inutiles, et finit par les *rendre* ridicules.

14. Ces étoiles qui étincellent avec tant d'éclat sont autant de soleils que la main de Dieu a *répandus* dans le ciel.

15. L'homme sage met sa *confiance* en Dieu.

16. Une ame sans *expérience* échappe rarement aux périls qui l'environnent.

17. Dieu *dispense* les biens et les maux, selon la force ou la foiblesse des hommes.

18. L'homme coupable cherche vainement une *diversion* aux remords qui le poursuivent.

19. La justesse de *l'expression* suit ordinairement celle de la *pensée*.

20. Dans les jours de trouble et de deuil , si l'on fait quelques *réflexions*, c'est sur l'inconstance des choses humaines.

21. Tout ce qui nous environne, sert à nous *détruire*.

22. Que reste-t-il des *grandeurs* humaines, dans le *séjour* ténébreux de la mort?

23. Les plus hautes montagnes sont les *re-servoirs* d'où sortent les plus grands fleuves.

24. Quelle *gloire*, quelle magnificence environne le trône de la *Divinité*.

25. Quelques philosophes ont pensé que les bêtes ne sont que des *automates*.

26. On fait de l'orgueil le supplément du *mérite*, et l'on ne sait pas que le *mérite* n'a rien qui lui ressemble moins que l'orgueil.

27. Dans le crime une fois il suffit qu'on *débute* :
Une *chute* toujours entraîne une autre *chute*.

28. C'est par le *doute* qu'on *arrive* à la *vé-rité*.

29. Corneille *accorde* heureusement la vrai-semblance et le merveilleux.

30. *S'occuper*, c'est savoir *jouir* : *l'oisiveté* pèse et tourmente.

31. *L'affectation* est aussi *insupportable* aux autres qu'elle est pénible à celui qui s'en sert.

32. Tous les *efforts* de la violence ne peuvent *affaiblir* la *vérité*.

33. Qu'un homme ait été *offensé* par un

autre, souvent les regrets les plus sincères ne peuvent *adoucir* son cœur *irrité.*

34. Heureux celui qui *n'alla* pas après les richesses, plus heureux celui qui les refusa quand elles *allèrent* à lui!

35. *L'immortalité* console les grands hommes des persécutions qu'ils essuient.

36. Il *n'appartient* qu'à celui qui a créé la mer de lui *donner* des lois.

37. Tu *supportes* des injustices, console-toi : le vrai *malheur* est d'en faire.

38. Les choses les plus souhaitées n'*arrivent* point, ou si elles *arrivent*, ce n'est ni dans le temps ni dans les circonstances où elles auraient fait un extrême plaisir.

39. *Corrigez* avec soin vos écrits, si vous voulez qu'on les lise plusieurs fois.

40. *N'attendez* pas la dernière *heure* pour commencer à bien vivre.

41. On garde sans remords ce qu'on *acquiert* sans crime.

42. Au *milieu* de toutes les pompes du monde, Dieu nous en découvre *la vanité.*

43. Les bonnes actions portent leur *récompense.*

44. L'*Hypocrite* en fraudes fertile,
Dès l'enfance est pétri de fard.

45. Il vaut mieux employer votre esprit à

1*

supporter les infortunes qui vous *arrivent*, qu'à *prévoir* celles qui peuvent *arriver*.

46. Quand un bien est *acquis*, dès-lors on n'en veut plus.

47. La véritable *grandeur* ne perd rien à être vue de près.

48. Les vrais amis *attendent* qu'on les *appelle* dans la *prospérité* ; dans *l'adversité*, ils se présentent d'eux-mêmes.

49. L'homme *courageux* ne connaît les périls que pour les *affronter*.

50. J'irai pour mon pays m'*offrir* en sacrifice.

51. On appelle *satellites* certaines planètes qui tournent autour des autres.

52. Auteur des maux de tous, il est à tous en *butte*,
Et fuit le monde entier écrasé sous sa *chute*.

53. La *prospérité* ne l'avoit point *enflé*, l'adversité ne *l'abattit* pas.

54. Combien d'hommes ne *pensent* pas, ou ne disent que ce que les autres ont *pensé*.

55. A mesure que l'industrie et les arts mécaniques *fleurissent*, souvent les arts les plus nécessaires sont négligés.

56. Il n'y a pas de gens plus vides que ceux qui sont pleins de leur *mérite*.

57. L'homme inconstant, ne ressemblant jamais à lui-même, n'a point de *route* fixe et assurée.

58. Le prodigue *répand* l'or comme du *fu-*

mier, et l'avare recueille le *fumier* comme de l'or.

59. Les petits esprits sont comme les bouteilles à goulot étroit, qui font d'autant plus de bruit, lorsqu'on les vide; qu'elles contiennent moins de *liqueur.*

60. Saint Louis à leur tête, brûlant d'une sainte *impatience,* s'avance *l'épée* d'une main, et le *bouclier* de l'autre.

61. Celui qui *persécute* l'homme de bien, fait la guerre au ciel.

62. C'est à Cadmus que nous devons l'art de *peindre* la parole.

63. Ne faites rien dans le moment de la *colère :* vous vous embarqueriez au *milieu* d'une tempête.

64. La paresse chemine si lentement, que la *pauvreté* ne tarde pas à *l'atteindre.*

65. Les *occasions* n'autorisent pas le juste contre le devoir, parce que les *occasions* ne *changent* rien aux règles.

66. Juvénal *florissait* sous Trajan.

67. L'honnête homme ne *s'abaisse* jamais jusqu'à *feindre.*

68. L'eau qui tombe *goutte* à *goutte* parvient à *détruire* la pierre.

69. *L'étendue* est une des *propriétés* qui distinguent les corps.

70. Il y a deux vertus qui excitent l'admiration des hommes : la *bravoure* et la *libéralité.*

71. Il est souvent plus difficile de soutenir la *gloire* et les *honneurs* auxquels on succède, que de les *acquérir* soi-même.

72. Dieu *répand* ses faveurs sur les gens vertueux.

73. Quels *fléaux* pour les grands que ces hommes nés pour *applaudir* à leurs passions.

74. Tout le monde se *plaint* de sa *mémoire ,* et personne ne se *plaint* de son *jugement.*

75. Il y a trois genres d'*éloquence :* celle du barreau, de la tribune et de la chaire.

76. La paix! quel homme la *goûte* sur la terre?

77. Les *honneurs* et les dignités ne servent tout au plus qu'à orner nos *tombeaux.*

78. La vie entière d'un homme *répond* de son *attachement* à la vertu.

79. Chaque homme n'est pas plus *différent* des autres hommes qu'il ne l'est souvent de lui-même.

80. La *lutte* continuelle des passions contre la raison ne nous laisse aucun repos.

81. La vie paisible et privée est l'écueil des réputations les plus *brillantes.*

82. Tout change, tout s'use, tout *s'éteint.*

83. Rien ne se *répand* plus vîte que la contagion du mal.

84. *L'espoir* d'une condition plus heureuse *adoucit* les peines qu'on éprouve.

85. Une seule *journée* d'un prince vraiment vertueux compte plus d'actions que la longue *carrière* d'un *conquérant*.

86. Archimède avait *inventé* un *miroir* avec lequel il pouvait *embráser* un vaisseau à plusieurs lieues de distance.

87. Les *années* se succèdent comme les flots, et ne cessent de *s'écouler*.

88. L'homme dès sa *naissance*, a le *senti-ment* du plaisir et de la *douleur*.

89. Ceux qui *emploient* mal leur temps sont les premiers à se *plaindre* de sa briéveté.

90. Une *rapidité* que rien n'*arrête*, en-*traîne* tout dans les *abîmes* de l'éternité.

91. Les réputations les plus *brillantes* doi-vent souvent plus à la *prévention* qu'au *mé-rite*.

92. Qu'il est doux de *jouir* du fruit de ses travaux après un long et pénible travail.

93. Il n'y a point d'édifices comparables, pour la *dimension*, aux pyramides d'Égypte.

94. L'appât d'une *flatterie délicate*, en épan-*chant* le cœur, en fait échapper le secret.

95. Tout ce qui gêne et *contraint* les hommes leur paraît un tourment.

96. Plus on se livre à ses *penchants*, plus on en devient l'esclave.

97. L'incrédulité de l'esprit vient presque toujours de la *corruption* du *cœur*.

98. Que ne fait pas *entreprendre* aux hommes l'amour de la gloire !

99. La *vertu* souffrante *attendrit* tous les cœurs qui ont quelque goût pour la *vertu*.

100. Idoménée craignait d'*arriver* parmi les siens ; il *appréhendait* de revoir ce qu'il avait de plus cher au monde.

101. Par une espèce de possession *anticipée*, l'ame jouit d'un bien qu'elle n'a pas encore.

102. Il n'y a que les méchants qui aient de l'*aversion* pour la *vérité*.

103. L'honneur *acquis* est caution de celui qu'on doit *aquérir*.

104. Je ne sais quoi d'heureux est *répandu* sur le visage d'un honnête homme.

105. Notre orgueil s'augmente souvent de ce que nous *retranchons* de nos autres défauts.

106. Le désir de paraître habile *empêche* souvent de le *devenir*.

107. La condition la plus heureuse a des amertumes, qui en *corrompent* toute la *félicité*.

108. Nous croyons souvent avoir de la constance dans le *malheur* lorsque nous n'avons que de l'*abattement*.

109. La recherche de la vérité ne sert souvent qu'à nous faire voir par *expérience* l'*ignorance* qui nous est naturelle.

110. Chaque instant *change* notre situation.

111. Tous les corps pesants ont une *propension* naturelle à descendre.

112. Tout ce qui nous *enchante* s'évanouit avec nous.

113. Sans une *attention* continuelle à toutes ses paroles, on risque de choquer bien des gens.

114. Le soleil est le *flambeau* du monde; Dieu l'a fait pour *embellir* et animer la nature.

115. L'homme sage est celui qui ne s'écarte jamais de ses *devoirs*.

116. Une sévère et rigide *vertu* est toujours insensible aux charmes des *voluptés*.

117. Les *injures* sont les raisons de ceux qui ont tort.

118. Les lâches sont comme les bassins d'une *balance*, dont l'un se lève quand l'autre s'abaisse.

119. Le meilleur moyen d'*attirer* tout le monde, c'est de ne *rebuter* personne.

120. Je *crains* Dieu, dit un homme de bien; et après Dieu, je ne *crains* que celui qui ne le *craint* pas.

121. La *coupe* de la vie est couverte de miel;
C'est l'enfant qui l'*effleure*, et l'homme boit le fiel.

122. L'*alliance* qu'on fait avec les méchants ne saurait être durable.

123. On *éternise* par la haine une *offense* passagère.

124. Tout dans l'univers *apprend* à l'homme sa *grandeur* et sa misère.

125. Les *diamants* ont leur prix, mais les bons conseils n'en ont pas.

126. La beauté est une lettre de recommandation dont le *crédit* n'est pas de *durée*.

127. La première *vertu* que Dieu *inspire* à l'homme, c'est celle qui doit cacher toutes les autres.

CHAPITRE III.

EXERCICES

SUR LA SYNTAXE DU SUBSTANTIF.

(*V*. Gramm., p. 100 et suiv.)

1. Il paraît que les premières orgues ont une origine fort ancienne; cependant tous les histo-

riens conviennent que celles qu'on entendit en France, pour la première fois, ne remontent pas au delà de l'an 757; elles avaient été données à Pépin par l'empereur Constantin Copronyme.

2. Quelles délices peut-on comparer à celles que cause une bonne action!

3. Dieu venait à ce peuple heureux,
Ordonner de l'aimer d'un amour maternel.

4. Du côté de l'Asie était Vénus, c'est-à-dire la mollesse et des amours insensées ; du côté de la Grèce était Junon, c'est-à-dire la sagesse et tous les avantages qu'elle procure.

5. On suspendrait plutôt le vol de l'aigle altier
Qu'on ne détournerait tes pas audacieux
Du sentier de la gloire, et des faits périlleux.

6. Près de l'aigle romaine mille enseignes bizarres
Rassemblent sous ses lois mille peuples barbares.

7. Il y a dans Scipion l'Africain quelque chose qui est encore plus estimé que ses victoires, c'est sa vertu.

8. Vertumne, dieu des jardins, présidait à la récolte des fruits ; c'est pourquoi les poètes le prennent quelquefois pour l'Automne lui-même.

9. Pygmalion ne connaissait pas les gens de bien, car de telles gens ne vont pas chercher un roi corrompu.

10. Certaines gens étudient toute leur vie ;

à la mort, ils ont tout appris, excepté à penser.

11. Tous les honnêtes gens s'intéressent à un jeune homme instruit et modeste.

12. Il y a souvent plus d'esprit dans un petit volume que dans de gros in-folio.

13. Les plus beaux écrits des Italiens abondent quelquefois en concetti, c'est-à-dire, en pensées brillantes, mais dépourvues de justesse.

14. L'Espagne s'honore d'avoir vu naître les deux Sénèque.

15. S'il est vrai que les arts soient nuisibles à la société, nous pouvons dire que Louis xiv imprima une tache à sa gloire, en faisant naître des Praxitèles, des Apelles et des Orphées.

16. La satire a quelque chose d'extrêmement utile : mille gens, par son secours, se corrigent quelquefois d'un désordre que les traits enflammés des Bourdaloue, des Massillon et des Bossuet n'auraient peut-être qu'à demi réformé.

17. On ne doit pas douter qu'il n'y ait eu dans l'antiquité la plus reculée des Alexandres et des Césars dont le temps a fait oublier les exploits.

18. Ce n'est que dans l'océan Atlantique qu'on voit le spectacle singulier des poissons-volants.

19. Il y a en France quatre-vingt-six chefs-lieux de Préfecture.

20. Les aiguillons du porc-épics tiennent peu à la peau de cet animal, qui les lance contre les chasseurs et les chiens.

21. *Le Cid, Athalie, Alzire* sont des chefs-d'œuvre dramatiques.

22. Les perce-neige portent des fleurs au milieu des rigueurs de l'hiver.

23. Dans les pays chauds, sous les ciels heureux, on élève les vers-à-soie sur des mûriers.

24. La paresse et l'oisiveté sont les avant-coureurs de la misère.

25. Le duel est un moyen perfide à l'aide duquel un coupe-jarrets peut assassiner en sûreté un honnête homme.

26. Nos actions sont comme des bouts-rimés que chacun fait rapporter à ce qui lui plaît.

27. Les petits-maîtres ont les manières libres, tranchantes, avantageuses.

28. Nos arrière-neveux nous imiteront, si nous faisons de bonnes actions.

29. Qu'est-ce que la plupart des louanges dans le style du monde? des contre-vérités déguisées, et couvertes du voile de l'honnêteté.

30. Les concerto des Mozart et des Viotti sont peut-être ce que la musique moderne a produit de plus beau.

31. En temps de guerre, les sauvages de l'Amérique sont armés de casse-tête.

32. Les loups-garous n'épouvantent que les vieilles femmes et les enfants.

33. Qu'un Molière s'élève, il naîtra des Barons.

34. La ressemblance des sentiments rapproche souvent des hommes d'une condition bien différente. Voilà pourquoi les Auguste, les Mécène, les Scipion, les Richelieu et les Condé vivaient familièrement avec des hommes de génie.

35. Le temps ne ménage pas plus les monuments des arts, que les chefs-d'œuvre de la nature.

36. Il n'y a que les fripons qui fassent des ligues, les honnêtes gens se tiennent isolés.

37. Quelle que soit la beauté des vers de Virgile, la poésie chrétienne nous offre encore quelque chose de très-supérieur.

38. Ceux qui ont écrit l'histoire dans les temps modernes, n'étaient point des Tacites.

39. Dans les Champs Élysées, les rois foulent à leurs pieds toutes les délices, et les vaines grandeurs de leur condition mortelle.

40. Ces orgues sont au nombre des meilleures, que j'aie jamais entendues; elles surpassent beaucoup celles de Harlem, qui sont connues pour être parmi les plus belles et les plus grandes de l'Europe.

41. Dieu a créé l'homme avec deux amours :
l'un pour Dieu, l'autre pour lui-même.

42. Le même roi qui sut employer les Condé, les Turenne, les Luxembourg, les Cré-
quis, les Catinat, les Villar dans ses armées ;
les Colbert et les Louvoi dans son cabinet ;
choisit les Racine et les Boileau pour écrire
son histoire ; les Bossuet et les Fénélon pour
instruire ses enfants ; les Fléchier, les Bourdaloue et les Massillon pour l'instruire lui-
même.

43. On ne trouve guère les chats-huants
que dans les bois.

44. Il y a certaines sociétés dont la fréquen-
tation est plus dangereuse que des coupe-
gorge.

45. J'étouffai pour mon fils mon amour maternel.

46. Ce sont les Molière, les Boileau, les
Racine, etc., qui portèrent, chez toutes les
nations, la gloire de notre langue.

47. Les réponses des personnes distraites ne
sont souvent que des coq-à-l'âne.

48. Il y a en Amérique des chauves-souris
que Buffon nomme vampires, parce qu'elles
sucent le sang des hommes et des animaux
endormis.

CHAPITRE IV.

EXERCICES

SUR L'EMPLOI DE L'ARTICLE.

(V. Grammaire, p. 106 et suiv.)

1. CEUX qui donnent de bons conseils sans les accompagner d'exemples, ressemblent à ces poteaux qui indiquent les chemins sans les parcourir.

2. Les personnages les plus ridicules dans le commerce de la société sont ceux qu'on appelle des petits-maîtres.

3. Combien on trouve dans Homère et dans Virgile d'épisodes bien amenés!

4. La haine est si aveugle, qu'elle ne cherche pas même de prétextes pour se satisfaire.

5. Un seul jour perdu ne devrait-il pas nous laisser des regrets mille fois plus cuisants qu'une grande fortune manquée?

6. Du temps de Philippe-le-Bel, il n'y avait que les femmes des ducs, des comtes et des barons qui eussent le droit de se donner quatre robes par an.

7. L'amour pour son père et sa mère est la base de toutes les vertus.

8. Les pensées les plus sublimes ne sont rien, si elles sont mal exprimées.

9. Dans les traductions, il n'est guère possible de rendre un vers par un vers, lors même que cette précision est le plus désirable.

10. Les flatteurs sont ceux qui se laissent le plus aisément duper par la flatterie.

11. On prétend que les montagnes qui traversent l'ancien et le nouveau monde ont été autrefois des plaines couvertes par la mer.

12. Les grandes et fortes pensées viennent du cœur.

13. Comment deux personnes n'auraient-elles qu'une seule et même volonté, quand chacune d'elles en a plusieurs !

14. Le père du Tertre dit que, si presque tous les nègres sont camus, c'est parce que les pères et les mères écrasent le nez à leurs enfants.

15. Un grand cœur, disait un roi de Perse, reçoit de petits présents d'une main, et en fait de grands de l'autre.

16. Les vérités qu'on aime le moins à entendre sont celles qu'on a le plus d'intérêt à savoir.

17. Le but des philosophes anciens et des modernes est de porter les hommes à la vertu.

18. Lycurgue disait aux Spartiates : voulez-vous être toujours libres et respectés? soyez toujours pauvres, et n'entreprenez jamais de conquêtes.

19. Quiconque a de nombreux témoins de sa mort, meurt toujours avec courage.

20. On le voit toujours avec des beaux-esprits ou des grands seigneurs.

21. Si vous ne vous acquittez pas de la dette immense que votre enfance a contractée avec votre père et votre mère, vous encourrez l'animadversion de tous ceux qui sont honnêtes parmi les pères, les mères et les enfants.

22. Les grands esprits sont les plus suscepti-bles de l'illusion des systèmes.

23. Plus on approfondit l'homme, plus on y démèle de faiblesse et de grandeur.

24. Le sage conserve la même tranquillité dans la bonne et dans la mauvaise fortune.

25. .... Qui sait si ce roi
N'accuse pas le ciel qui le laisse outrager
Et d'indignes fils qui n'osent le venger ?

26. La nature étant partout la même, les hommes ont dû nécessairement adopter les mêmes vérités et les mêmes erreurs dans les

choses qui tombent le plus sous les sens , et qui frappent le plus l'imagination.

27. Les belles et mémorables actions ne suffisent pas pour illustrer celui qui les a faites, si elles n'ont pas la vertu pour cause.

28. Si le corps se fortifie par des travaux modérés, c'est par de sages intructions que l'esprit se perfectionne.

29. Comment un homme qui n'a pas des idées nettes de la justice, pourrait-il avoir la conscience d'avoir fait une action injuste ?

30. Un trait remarquable et heureux dans notre histoire littéraire, c'est que ceux de nos auteurs dramatiques qui ont le mieux écrit, sont aussi ceux qui ont le plus intéressé.

31. Ceux qui font des antithèses en forçant les mots, sont comme ceux qui font de fausses fenêtres pour la symétrie.

32. Il faut faire de ses idées l'image exacte des choses, et de la parole, une nette et vive image de ses idées.

33. Aux yeux de l'envie, la réputation la mieux établie n'est qu'une erreur publique.

34. La Grèce et l'Italie ont produit des grands hommes dans tous les genres.

CHAPITRE V.

EXERCICES

SUR L'EMPLOI DE L'ADJECTIF QUALIFICATIF.

(*V*. Grammaire, p. 109 et suiv.)

1. La bonté et la puissance de Dieu sont infinies. Assis sur son trône, au centre de l'univers, il anime tout du souffle de sa bouche, et donne à tout l'ordre, la beauté et la grâce.

2. Le climat tempéré ne produit que des choses tempérées ; les herbes les plus douces, les légumes les plus sains, les fruits les plus suaves, les animaux les plus tranquilles, les hommes les plus polis sont l'apanage de cet heureux climat.

3. La sagesse et la puissance du Créateur, aussi visibles dans la structure du limaçon que dans celle du lion, se manifestent dans toute la nature.

4. L'esprit et la vertu, faits pour plaire toujours, sont la source de toute véritable gloire.

5. La nature a pour les ames sensibles une beauté et un charme toujours nouveaux.

6. Calypso trouvait une noblesse, une grandeur d'ame étonnante dans ce jeune homme qui s'accusait lui-même.

7. La surface de la terre est, pour la plus grande partie, composée de matière végétale et animale, livrée à un mouvement ou à un changement continuel.

8. Les grands seigneurs du Tunquin ne paraissent à la cour que nu-pieds.

9. Les demi-dieux des anciens n'étaient que des hommes qui s'étaient distingués par une valeur ou une vertu extraordinaire.

10. On peut tout sacrifier à l'amitié, excepté l'honnête et le juste.

11. Les grands phénomènes de la nature s'expliquent aisément, supposé la gravitation universelle un principe vrai.

12. La feue reine était universellement adorée.

13. Feu votre mère unissait les charmes de l'esprit à la bonté du cœur.

14. Tous les honneurs paraîtraient payés trop cher à l'honnête homme, s'ils lui avaient coûté quelque bassesse.

15. Le deuxième, le quatrième et le sixième livre de l'*Énéide* sont regardés comme ce que

l'Épopée a produit de plus beau chez aucune nation.

16. Corneille a réformé la scène tragique et la scène comique par d'heureuses imitations.

17. Quelque coupables que soient les hom-mes, Dieu est si bon qu'ils sont rarement inexcusables à ses yeux.

18. Parmi les peines et les afflictions de cette vie, il y en a peu dont nous ne puissions nous consoler, si nous portons nos regards vers le ciel.

19. Accoutumés aux beautés qui s'offrent à nos regards, nous éprouvons souvent peu d'admiration pour la sagesse dont elles portent l'empreinte.

20. Un examen approfondi de la structure de la terre, nous convaincra que le plan de notre globe, sa figure, sa construction exté-rieure et intérieure, sont réglés d'après les lois les plus sages, et que tout s'y rapporte au plaisir et au bonheur des êtres vivants.

21. Les Français parlent vite, et agissent quelquefois lentement.

22. Un ministre doit éviter, presque autant que le mal, les demi-remèdes dans les grands maux.

23. L'homme véritablement attaché à sa patrie, sacrifie son repos et sa liberté, pour la liberté et la félicité publiques.

24. On trouve dans les fables de La Fontaine une ingénuité, une naïveté admirable.

25. Nos vaisseaux triomphants ont parcouru l'un et l'autre hémisphère.

26. On représente les Grâces jeunes, vives, et avec un visage riant : jeunes, parce que la mémoire de leurs bienfaits ne doit jamais périr ; vives, parce qu'elles doivent obliger sans retard ; et avec un visage riant, parce que celui qui oblige doit avoir la joie et le plaisir peints sur son visage.

27. Les Samoièdes vivent fort long-temps, quoiqu'ils ne se nourrissent que de chair ou de poisson cru.

28. Les oiseaux construisent leurs nids avec un art, une adresse admirable.

29. Quel étonnement ne frappe pas l'esprit, quand nous songeons à la recherche des faits en tout genre qu'exige l'histoire complète d'une nation !

30. Tout est grand dans le temple de la faveur, excepté les portes, qui sont si basses qu'il faut y entrer en rampant.

31. La raison qui se borne à s'accommoder des choses raisonnables, et à ne s'échauffer que contre ce qui est faux, n'est qu'une demi-raison.

32. Le peuple a toujours les oreilles et des yeux ouverts pour découvrir les défauts des grands.

33. Le bon goût des Égyptiens leur fit aimer la solidité et la régularité toutes nues.

34. Les sots lisent un livre, et ne l'entendent point ; les grands esprits ne l'entendent quelquefois pas tout entier ; ils trouvent obscures les choses qui sont obscures, comme ils trouvent clair ce qui est clair. Les beaux-esprits veulent trouver obscur ce qui ne l'est point, et ne pas entendre les choses qui sont fort intelligibles.

35. Le goût du jeu, fruit de l'avarice et de l'ennui, ne prend jamais que dans un esprit ou un cœur vide.

36. Les animaux de la Zône Torride, et des contrées chaudes des Zônes tempérées ont, pour la plupart, la jambe et le cou fort alongés.

37. Un volcan est un canon d'un volume immense, dont l'ouverture a souvent plus d'une demi-lieue.

38. Le corps des oiseaux est disposé dans toutes ses parties avec une harmonie et un art enchanteurs.

CHAPITRE VI.

EXERCICES

SUR L'EMPLOI DES ADJECTIFS DÉTERMINATIFS.

(*V*. Grammaire, p. 114 et suiv.)

1. Sur cent personnes, il y en a quatre-vingt-dix qui sacrifient à la jouissance du présent toutes les espérances de l'avenir.

2. Un des plus célèbres édifices de la Chine est la tour de porcelaine, haute de deux cent quatre-vingts pieds, et au sommet de laquelle on arrive par un escalier qui a quatre cents marches.

3. Charlemagne fut élu empereur, en l'an huit cent.

4. Xercès vint attaquer la Grèce avec onze cent mille combattants ; d'autres disent dix-sept cent mille.

5. Le Gange, un des grands fleuves de l'Asie, se jette dans la mer, après avoir parcouru plus de quinze cents milles.

6. Les plaisirs sont des fleurs semées parmi les ronces de la vie ; mais il faut les cueillir

avec soin, car on en flétrit aisément la beauté
passagère.

7. Emprunte à mes soupçons des rapports et des traits
Qui contraignent leurs fronts à trahir leurs forfaits.

8. D'après les lois de Solon, un père qui n'a-
vait pas fait apprendre de métier à son fils, ne
pouvait en exiger aucun secours.

9. On prétend que Salomon avait deux
mille écuries de dix chevaux chacune.

10. Les mêmes dangers qui sont des écueils
pour les méchants, deviennent des occasions
de mérite pour les justes.

11. Il est de ces mortels favorisés des cieux
Qui sont tout par eux-mêmes et rien par leurs aïeux.

12. Il y a une sagesse, et une bonté infinies
dans les choses mêmes où les bornes de nos
connaissances, et la faiblesse de nos lumières
nous empêchent de les reconnaître.

13. Les plus farouches animaux, les rochers
même paraissaient sensibles à ma douleur.

14. Les gens d'esprit mêmes n'en ont jamais
moins que lorsqu'ils tâchent d'en avoir.

15. Quelles que soient les lois, il les faut respecter.

16. Quelques crimes toujours précèdent les grands crimes.

17. Quelques glorieux prix qui me soient réservés,
Quels lauriers me plairont de son sang arrosés ?

18. Quelque corrompues que soient nos

mœurs, le vice n'a pas encore perdu parmi nous toute sa honte.

19. Justes, ne craignez point le vain pouvoir des hommes :
Quelque élevés qu'ils soient, ils sont ce que nous sommes.

20. Quelle que soit votre naissance, quelque grandes que soient vos richesses, quelques dignités que vous possédiez, souvenez-vous que vous frustrez les vues de la Providence, si vous n'en faites pas usage pour le bien de l'humanité.

21. La vertu, tout austère qu'elle est, fait goûter bien des plaisirs.

22. Les philosophes, tout profonds qu'ils sont, ignorent la cause de bien des effets.

23. La paresse, tout engourdie qu'elle est, fait plus de ravages chez nous, que toutes les autres passions ensemble.

24. La nature tout entière se trouve dans les grands poèmes épiques.

25. Les empires ne peuvent se soutenir que par l'équité des mêmes lois qui les ont formés.

26. Les éloges sont comme les richesses : c'est faute d'en connaître le prix qu'on en est si prodigue.

27. Une femme ne peut guère être belle que d'une façon; mais elle peut être aimable de cent mille.

28. Cyrus connaissait tous les soldats de son armée, et pouvait les désigner par leurs noms.

29. C'est un malheur que les hommes ne puissent posséder aucun talent sans donner l'exclusion à tous les autres.

30. Il nous en coûte bien moins de remporter des victoires, que de nous vaincre nous-mêmes.

31. La cour de Louis xiv était brillante : tous les étrangers en louaient la magnificence.

32. Le vrai courage a toujours quelques ressources.

33. Quelle que soit la gloire des grands sur la terre, elle a toujours à craindre l'envie, qui cherche à l'obscurcir.

34. Le mérite, les vertus même doivent beaucoup à la modestie, qui en réhausse l'éclat.

35. Les riches, quelque sots qu'ils soient, emportent toujours les suffrages, et les rieurs sont de leur côté.

36. Les prospérités militaires laissent dans l'ame je ne sais quoi qui la remplit tout entière.

37. La plus haute des pyramides d'Égypte a deux mille six cent quarante pieds de circuit, et au moins cinq cents pieds de haut.

38. Il n'y a aucune condition qui n'ait ses peines.

39. Reine, l'excès des maux où la France est livrée
Est d'autant plus affreux que la source en est sacrée.

40. Quelle que soit la modération de nos désirs, ne nous croyons pas à l'abri des revers.

41. On assure que les porte-faix de Constantinople portent des fardeaux de neuf cents livres pesant.

42. La vérité n'est point à nous, nous n'en sommes que les témoins et les dépositaires.

43. Quelques grands avantages que la nature donne, ce n'est pas elle seule, mais la vertu avec elle qui fait les héros.

44. Je suis tout ce qui a été, est, et sera ; jamais aucun mortel n'a levé le voile qui me couvre.

45. Les hommes les plus durs et les plus pervers, sont souvent ceux qui ont dans leurs bouches les mots d'humanité et de morale.

46. Quelle que soit la main qui m'ôtera la vie,
Qui meurt dans sa vertu, meurt sans ignominie.

47. La vie de l'homme utile, quelque courte qu'en soit la durée, ressemble au plus précieux des métaux, qui a beaucoup de poids sous un petit volume.

48. C'est par la sagesse, disait un jeune roi,

que les rois mes voisins, quelque redoutables qu'ils soient, me craindront.

49. Jésus-Christ ne mourut que pour rendre témoignage à la vérité: il en fut le premier martyr.

5o. Les pauvres murmurent contre la main qui les frappe; les riches oublient l'auteur de leur abondance, et les grands ne semblent nés que pour eux-mêmes.

5r. La mollesse est douce, et la suite en est cruelle.

CHAPITRE VII.

RÉCAPITULATION

SUR L'EMPLOI DU SUBSTANTIF, DE L'ARTICLE, DE L'ADJECTIF QUALIFICATIF ET DE L'ADJECTIF DÉTERMINATIF.

(*V.* Gramm., p. 109 et suiv.)

1. C'EST parce que l'or est rare que l'on a inventé la dorure, qui, sans en avoir la solidité, en a tout le brillant. Ainsi, pour remplacer la bonté qui nous manque, nous avons imaginé la politesse, qui en a toutes les apparences.

2. Des secours sont payés bien cher, lorsqu'il faut qu'on les mendie.

3. Un coup d'œil de Louis enfantait des Corneilles.

4. Jamais enfant n'a eu pour son père et sa mère des attentions plus soutenues.

5. Excepté les grandes nations de l'Amérique, la plupart des peuples du nouveau monde étaient plongés dans une stupidité barbare, quand on découvrit ce pays.

6. L'esprit humain est tellement né pour la vérité, qu'il veut toujours en voir l'image, même dans les fictions.

7. Les hommes hauts et vains sont semblables aux épis de blé; ceux qui lèvent le plus la tête sont les plus vides.

8. Duguay-Trouin peut-être eût été aussi aisément le rival des Turenne et des Condé, que celui des Rhuyter et des Duquesne.

9. Le son parcourt environ cent quatre-vingts toises par seconde.

10. Pour un Platon dans l'opulence, pour un Aristippe en crédit, combien de philosophes sont réduits à la plus grande pauvreté! combien d'Homères et d'Ésopes dans l'indigence!

11. Les habitants du détroit de Davis mangent leur poisson et leur viande crus.

12. L'étude de la morale et celle de l'éloquence sont nées en même temps; l'union en est aussi ancienne que celle de la pensée et de la parole.

13. Dulot, assez mauvais poète, est l'inventeur des bouts-rimés.

14. Ma fille, votre modestie, les tendres soins que vous rendez à vos parents, font souhaiter à toutes les mères de vous donner pour épouse à leurs fils.

15. Tous les faux biens produisent de véritables maux.

16. Le plus heureux mortel a connu les alarmes :
Hélas ! il n'en est point qui n'ait versé de larmes.

17. Le quinzième et le seizième siècle ont été marqués par de grandes découvertes : telles sont l'invention de l'imprimerie, celle de la poudre à canon, des télescopes ; la découverte du nouveau monde, celle du passage aux Indes par le cap de Bonne-Espérance, etc.

18. Qui peut lire l'Évangile sans en trouver la morale sublime ?

19. Les mystères de la nature sont l'effet d'une puissance et d'une sagesse supérieures à notre intelligence.

20. On voit quelquefois plusieurs arcs-en-ciel en même temps.

21. Les gens qui, par modération, aiment la paix, sont les plus redoutables dans la guerre.

22. En considérant les hommes en masse, nous trouvons que la somme des souffrances surpasse celle des plaisirs.

23. Tout méchants que sont les hommes, Dieu veut que nous les aimions.

24. Aucun monstre par moi dompté jusqu'aujourd'hui,
Ne m'a acquis le droit de faillir comme lui.

25. De tous les défauts, celui dont nous demeurons le plus aisément d'accord, c'est la paresse.

26. Sur toute la surface du globe, il naît et meurt trois mille personnes par heure.

27. Les Montausier ont rendu leur nom célèbre dans le siècle des beaux-arts.

28. Nos premiers tête-à-tête furent consacrés au récit de nos aventures.

29. Tout est arrangé dans le monde avec une sagesse et une bonté infinies.

30. L'affreuse et inexorable dureté des riches est la source de presque toutes les misères humaines.

31. Entre les tropiques, l'année se divise en mousson sèche et en mousson pluvieuse.

32. Les dons sont dans leurs mains, sur leurs fronts, l'allégresse.

33. Par l'adulation les vices des grands se fortifient; leurs vertus mêmes se corrompent.

34. Il n'y a que la vertu qui nous élève au-dessus de nous-mêmes.

55. Quels que soient ses penchants, le sage les surmonte :
C'est de nous que dépend ou la gloire ou la honte.

36. C'est dans le temps que les grands hommes sont le plus communs, qu'on rend le plus de justice à leur mérite.

37. La fameuse mine de Potosi, dans le Pérou, a plus de deux cent cinquante toises de profondeur.

38. Il n'y a aucun terme dans la langue des Samoièdes pour exprimer le vice et la vertu.

39. On ne trouve guère d'ingrats, tant qu'on est en état de faire du bien.

40. Le nombre des productions de la nature, quoique prodigieux, ne fait que la plus petite partie de notre étonnement; son art, ses ressources, ses désordres même excitent notre admiration.

41. Votre ame, pendant que vous m'écoutez, paraît tout interdite.

42. Il est peu de Zopires qui se mutilent pour soumettre des Babylones à leur roi.

43. Le bonheur dont les honnêtes gens sont le plus jaloux, c'est l'estime et l'amitié des autres hommes.

44. Les oiseaux-mouches sont les bijous de la nature.

45. Depuis Codrus, combien de héros ont été les généreuses et sublimes victimes de l'amour de la patrie!

46. La langue romance, que l'on a parlée autrefois en France, était un mélange de la langue celtique et de la latine.

47. Retournez à l'armée, et pour me protéger
Montrez cent mille bras tout prêts à me venger.

48. La vie serait bien courte, si l'espérance n'en prolongeait la durée.

49. Peut-on contempler le ciel, sans être convaincu que l'univers est gouverné par une suprême et divine intelligence?

50. Il y a toujours une manière de dire les choses, quelles qu'elles soient, plus agréable et plus persuasive.

51. La distinction la moins exposée à l'envie est celle qui vient d'une longue suite d'ancêtres.

52. Des remords coûtent bien plus cher que les bénédictions de toute une famille qu'on tire de la misère.

53. L'automne, couronné de pampres et chargé de fruits, comble les vœux du laboureur.

54. On chanta des te-deum dans les deux camps.

55. Thomas a dit, en parlant des grands :

S'ils ont l'éclat du marbre, ils en ont la dureté.

56. Suidas rapporte que Callimaque et Aris-

tarque avaient composé, chacun, plus de huit cents volumes.

57. Les mausolées et les tombeaux des Aristide et des Caton ne sont plus; mais leurs actions se perpétuent dans les écrits du philosophe de Chéronée.

58. Nous mourons tous les jours; chaque instant nous dérobe une portion de nous-mêmes, et nous avance d'un pas vers le tombeau.

59. Un gascon disait à quelqu'un : Prêtez-moi trois pistoles. — Cela est impossible, car je ne possède qu'une demi-pistole. — Prêtez-la-moi toujours, et vous me devrez deux pistoles et demie.

60. Quels que soient les humains, il faut vivre avec eux :
Un mortel difficile est toujours malheureux.

61. César avait un courage, une intrépidité extraordinaire.

62. S'il est utile de se faire des amis, il l'est encore plus de ne point se faire d'ennemis.

63. Les habitants de la côte de la nouvelle Hollande sont peut-être les gens du monde les plus misérables, et ceux de tous qui approchent le plus de la brute.

64. Plus un homme vicieux avance en âge, plus le vice jette en lui de profondes racines.

65. Quand une fois on a trempé les lèvres

dans la coupe de la bienfaisance, la liqueur en paraît si douce qu'on ne veut plus la quitter.

66. La lithographie est l'art de tracer sur la pierre, avec une encre ou un crayon composé, des desseins qui se contr'épreuvent sans rien perdre de leur netteté.

67. Les femmes grecques et les romaines se brunissaient les yeux comme les femmes de l'Orient.

68. L'Amérique a été découverte par Christophe Colomb, en l'année mil quatre cent quatre-vingt-douze.

69. Nous faisons nos plus chères délices de la sainte Écriture.

70. Il ne faut pas juger des hommes comme d'un tableau ou d'une figure, sur une seule et première vue ; il y a un intérieur et un cœur qu'il faut approfondir.

71. Que les passions nous rendent crédules, et qu'un cœur vivement touché se détache avec peine des erreurs mêmes qu'il aperçoit !

72. Quelques justes soupçons que vous en puissiez prendre,
J'ai peine contre vous à ne pas le défendre.

73. Les belles-de-nuit sont originaires d'Amérique.

74. Adraste menait autour de lui trente Dauniens d'une force, d'une adresse ou d'une audace extraordinaire.

75. L'aigle s'élève avec une force et une vitesse prodigieuses.

76. Pour prodiguer des louanges fades et outrées, il me semble qu'il faut mépriser ceux mêmes à qui on les donne, et les croire bien dupes.

77. Ci-gît qui, sans jamais s'inquiéter d'autrui,
Durant quatre-vingts ans ne vécut que pour lui.

78. Il y a de mauvais exemples qui sont pires que les crimes.

79. Au huitième et au neuvième siècle, il y avait trois carêmes, quelquefois quatre, comme dans l'Église grecque.

80. Les imprudents se moquent des qu'en dira-t-on.

81. Les Grecs n'excélaient pas moins dans le choix des sites de leurs édifices que dans l'architecture de ces édifices mêmes.

82. Nous partîmes cinq cents, mais par un prompt renfort
Nous nous vîmes trois mille en arrivant au port.

83. Il y a de l'ingratitude à ne témoigner de la reconnaissance des bienfaits qu'on a reçus, que pour en recevoir de nouveaux.

84. Saint Louis suivait, pieds nus, l'étendard de la sainte croix.

85. Aristide avait une élévation, une grandeur d'ame peu commune.

86. Comment un autre pourra-t-il garder notre secret, si nous ne pouvons le garder nous-mêmes ?

87. Ne demandons pas à un ami des choses indignes de l'honneur, car un ami est un autre nous-mêmes.

88. Les grands hommes entreprennent de grandes choses, parce qu'elles sont grandes, et les fous, parce qu'ils les croient faciles.

89. Il y a deux caille-lait, le blanc et le jaune : ce sont deux plantes qui caillent le lait.

90. On aime la réputation d'intégrité, mais on ne veut pas qu'elle coûte cher.

91. Jupiter et Saturne sont les planètes qui tournent le plus vite sur elles-mêmes ; elles opèrent leur rotation en moins de dix heures et demie.

92. Ne pouvant pas renoncer à nos vices, nous voudrions pouvoir ôter aux autres leurs bonnes qualités, leurs vertus même.

93. L'aigle audacieux n'engendre pas la foible et timide colombe.

94. Les pies-grièches préfèrent la chair aux insectes, dont elles se nourrissent communément.

95. Considérez la condition des hommes qui dirigent les affaires : quelque sages, quel-

que puissants qu'ils soient, que d'agitations !
que de traverses !

CHAPITRE VIII.

EXERCICES

SUR L'EMPLOI DES PRONOMS EN GÉNÉRAL.

(*V*. Gramm., p. 120 et suiv.).

1. Si nous n'avions pas un orgueil excessif,
nous parlerions moins de celui des autres.

2. Il est rare d'entendre raison dans un âge
où l'on se fait quelquefois un mérite de ne pas
consulter la raison.

3. Les hommes aiment à rendre justice aux
morts, soit qu'ils se flattent de l'espérance
qu'un jour on sera juste à leur égard, soit
qu'ils aiment naturellement la vérité.

4. Hypéride a imité Démosthènes dans les
endroits où celui-ci s'est montré le plus élo-
quent.

5. La politesse exige que nous prêtions
attention à ce qu'on nous dit.

6. L'homme prudent sait demander des
conseils et les suivre.

7. Les seuls ouvrages qui soient lus avec

plaisir sont ceux où l'on a soumis ses pensées aux règles de la raison.

8. L'empereur Théodose fut soumis à une pénitence publique par saint Ambroise, et elle dura jusqu'à ce qu'il se fût humilié devant Dieu et devant les hommes.

9. Nous n'estimons guère que les qualités qu'on admire en nous.

10. François Ier érigea Vendôme en Duché-pairie, en faveur de Charles de Bourbon ; il le mena ensuite en Italie, où le duc se comporta vaillamment. Quand le roi fut fait prisonnier à la bataille de Pavie, Charles de Bourbon ne voulut point accepter la régence ; cependant il ne cessa pas de travailler à la délivrance du roi, et il continua à le bien servir, quand François fut rendu à ses sujets.

11. Les hommes qui aiment le plus les plaisirs connaissent rarement celui que fait goûter une bonne action.

12. L'homme mu par la crainte de Dieu, qui connaît les moindres secrets de nos cœurs, ne fait rien de contraire à la vertu.

13. Dans les premiers âges du monde, chaque père de famille gouvernait ses enfants avec un pouvoir absolu.

14. Nous n'aimons pas à donner des louanges qui sont comme des aveux de la supériorité qu'on a sur nous.

~~~~~~

CHAPITRE IX.

EXERCICE

SUR LES PRONOMS PERSONNELS.

(*V*. Gramm., p. 122 et suiv.)

1. Un honnête homme a de la pudeur, quand même il n'a que lui pour témoin.

2. Les passions, qui ont en elles tant de force, cèdent toutes à l'ambition.

3. Un homme de mérite est un soleil dont les rayons échauffent, brillent, éblouissent, à mesure qu'on s'en approche.

4. La terre, naturellement fertile, le serait bien davantage, si elle était mieux cultivée, et nourrirait cent fois plus d'hommes qu'elle n'en nourrit.

5. Bien des choses ne sont impossibles que parce qu'on s'est accoutumé à croire qu'elles le sont.

6. L'homme inconstant ne ressemble jamais à lui-même.

7. Les ressources de la vertu sont infinies :

plus on en fait usage, plus elles se multi-plient.

8. Êtes-vous la maîtresse de cette maison? — Je la suis. — Êtes-vous maîtresse de vos actions? — Je ne le suis pas.

9. Le sage qui entend une parole sensée, la loue, et se l'applique à lui-même.

10. Mais qui peut altérer vos bontés paternelles?
Vous seule, vous, ma fille, en en abusant trop.

11. Que je suis malheureuse! ô ciel! que je le suis!

12. S'il est ordinaire d'être vivement touché des choses rares, pourquoi le sommes-nous si peu de la vertu?

13. Les vices renferment en eux tout ce qui peut les rendre odieux.

14. L'excellence des sens vient de la nature, mais l'art et l'habitude peuvent y ajouter un plus grand degré de perfection.

15. Un homme vain trouve son compte à dire du bien et du mal de lui; un homme modeste ne parle point de lui.

16. Nous nous tourmentons moins pour devenir heureux que pour faire croire que nous le sommes.

17. Un homme qui a su vaincre ses passions et y mettre un frein, a remporté la plus belle de toutes les victoires.

3

18. Tel est l'empire de l'imagination, que nous croyons être malheureux, lorsque souvent nous ne le sommes pas.

~~~~~~

CHAPITRE X.

EXERCICES.

SUR LES PRONOMS DÉMONSTRATIFS,

(*V*. Gramm., p, 126 et suiv.)

1. Ce qui me révolte, c'est de voir les riches s'enorgueillir de leurs richesses, comme si un lit doré soulageait un malade, et qu'une fortune brillante rendît un sot plus estimable.

2. Ce qui fait que les riches ne sont presque jamais heureux, c'est que les uns n'usent pas de leur richesse, et que les autres en abusent.

3. Ce qui soutient l'homme au milieu des plus grands revers, c'est l'espérance.

4. Le premier hommage que reçoit l'homme d'un mérite supérieur, c'est la haine des sots.

5. La philosophie triomphe aisément des maux passés et à venir, mais les maux présents triomphent souvent d'elle.

6. L'opulence et le repos sont à une si grande

distance l'un de l'autre, que plus on approche de celle-là, plus on s'éloigne de celui-ci.

7. Le plus grand poète, et peut-être le plus profond moraliste de l'antiquité, c'est Homère, dont le génie est vaste et sublime comme la nature.

8. Ce qu'on admire avec justice dans Racine, ce sont les caractères, toujours soutenus et toujours dans la nature.

9. Il n'y a de supériorité réelle que celle qui est donnée par le génie et la vertu.

10. Tel est l'avantage qu'ont les talents sur la beauté : celle-ci n'a qu'un temps pour plaire ; ceux-là plaisent dans tous les temps.

11. Ce qui plaît dans les anciens, c'est qu'ils ont peint la nature avec une noble simplicité.

12. La meilleure manière de se venger, c'est de ne point ressembler à celui qui nous fait injure.

13. Nous admirons souvent dans un homme ses moindres qualités, tandis que nous ne faisons pas attention à celles qui sont vraiment dignes de notre estime.

14. La marque d'une expression propre, c'est qu'on ne puisse lui donner qu'un sens.

15. Les flatteurs trouvent leur compte avec les grands, comme les médecins auprès des

malades imaginaires : ceux-ci paient pour les maux qu'ils n'ont pas ; ceux-là pour des vertus qu'ils devraient avoir.

~~~~~~

CHAPITRE XI.

—

EXERCICES

SUR LES PRONOMS RELATIFS.

(*V.* Gramm., p. 128 et suiv.)

1. Britannicus est seul : quelque ennui qui le presse ,
   Il ne voit à son sort que moi qui m'intéresse.

2. Il y a dans cet auteur un air d'affectation qui gâte ses écrits.

3. La succession des saisons est un effet de la sagesse divine , lequel mérite l'admiration et la reconnaissance des hommes.

4. Il y a deux choses auxquelles il faut s'accoutumer sous peine de trouver la vie insupportable : les injures du temps et les injustices des hommes.

5. L'esprit retourne au ciel d'où il est descendu.

6. Lorsqu'on est jeune, la vie paraît sans terme : c'est un trésor qu'on croit inépuisable.

7. On doit cette justice aux hommes qui ont fait du bien à leur patrie, d'examiner le point d'où ils sont partis, pour mieux voir les changements qu'ils ont faits.

8. Enfin, après un an, tu me revois, Arbate,
Non plus, comme autrefois, cet heureux Mithridate,
Qui, de Rome toujours balançant le destin,
Tenait entre elle et moi l'univers incertain.

9. D'où vient donc cet ennui qu'on voit vous dévorer ?

10. On doit placer l'amour de la patrie au rang de ces vertus sublimes d'où découlent tous les biens de la société.

11. Il n'y a rien, jusqu'à la vérité même, auquel un peu d'agrément ne soit nécessaire.

12. L'affabilité qui prend sa source dans l'humanité, n'est pas une de ces vertus superficielles qui ne résident que sur le visage.

13. C'est une douce erreur que je prétends faire cesser.

14. L'espèce de canne d'où on tire le sucre est originaire de la Chine et des Indes, et fut transportée en Amérique vers l'an mil cinq cent.

15. De tous les attributs de la Divinité, la bonté est celui sans lequel on la peut moins concevoir.

16. Notre salut naît quelquefois des causes mêmes d'où devait venir notre perte.

17. Il y a dans le langage d'un hypocrite une certaine douceur que n'a pas la vérité.

18. Régulus, dans son expédition contre Carthage, eut à combattre un prodigieux serpent, contre lequel il fallut employer toute l'armée romaine.

19. Une ame insensible est un clavecin dont on chercherait en vain à tirer des sons.

CHAPITRE XII.

EXERCICES

SUR LES PRONOMS INDÉFINIS.

(*V.* Gramm., p. 130 et suiv.)

1. On est heureuse quand on est mère, et qu'on est adorée de ses enfants.

2. Les gens qui sont continuellement dans le tourbillon du monde sont sujets à d'étranges distractions, et quoiqu'on s'y soit connus long-temps, on est presque étonnés, après une courte absence, de se reconnaître.

3. Le style n'est que l'ordre et le mouvement qu'on met dans ses pensées : si on les enchaîne étroitement, si on les serre, le style devient ferme, nerveux et concis; si on

les laisse se succéder lentement, et ne se joindre qu'à la faveur des mots, quelque élégants qu'ils soient, le style sera diffus, lâche et traînant.

4. On se corrige quelquefois mieux par la vue du mal que par l'exemple du bien.

5. On peut être sot avec beaucoup d'esprit, et l'on peut n'être pas un sot avec peu d'esprit.

6. L'Énéide de Virgile, et l'Art poétique d'Horace, sont des ouvrages parfaits, chacun dans son genre.

7. La nature semble avoir départi des talents divers aux hommes, pour leur donner, à chacun, leur emploi, sans avoir égard à la condition dans laquelle ils sont nés.

8. Personne n'a jamais été comparé à La Fontaine pour la naïveté, ni à Racine pour l'élégance.

9. Newton et Galilée se sont immortalisés par leurs découvertes; et ils ont contribué infiniment l'un et l'autre aux progrès des sciences physiques.

10. Loin de se regarder comme ne faisant qu'une seule et même famille, les hommes ne se lient que pour se tromper les uns les autres.

11. L'homme qui sait s'occuper a assez de lui-même.

12. Quel tribut d'admiration ne devons-nous pas aux génies du siècle de Louis xiv, qui ont contribué à la gloire de la France, chacun par ses ouvrages immortels!

13. N'est-il pas à craindre que l'ennui ne succède à des sentiments trop vifs, lorsqu'on commence à se voir réciproquement tels que l'on est?

14. Quelle est cruelle et absurde cette gloire qui porte les hommes à se détruire les uns les autres!

15. Il n'y a jamais rien à gagner, quoi qu'on dise, à confondre les genres, puisque le talent est le maître de les traiter tous, en les laissant chacun à sa place.

16. Que dis-je? on règne, et d'un peuple fidèle
On est chérie, surtout si l'on est belle.

17. Les corps célestes s'attirent les uns les autres, en raison de leur masse et de leur distance.

18. On met à l'abri des coups du sort ce qu'on donne à ses amis.

19. On se sert de plusieurs noms pour exprimer la même chose; cependant, si l'on examine tous ces noms, les uns après les autres, on

trouvera qu'ils ont , chacun, leur signification particulière.

20. Racine et Fénélon font les délices des cœurs sensibles ; ils possédaient l'un et l'autre, au plus haut degré, l'art d'exciter les émotions les plus tendres et les plus vives.

21. Les hommes, après avoir fait un peu plus de bruit, et occupé un peu plus de terrain les uns que les autres, vont tous ensemble dans un abîme où l'on ne reconnaît plus les rangs qui les distinguaient.

22. Ronsard et Balzac avaient, chacun, dans leur genre, assez de mérite pour former, après eux, un grand écrivain en vers et en prose.

23. On est heureux dans son ménage, lorsqu'on est toujours bien unis.

24. Si l'on veut vivre tranquille, il faut mépriser les propos des sots, la haine des envieux, l'insolence des riches.

25. César et Pompée avaient, chacun, leur mérite ; mais c'étaient des mérites différents.

26. Les passions, ennemies les unes des autres, sont dans un état perpétuel de guerre.

27. On n'est que plus chérie alors qu'on devient mère.

28. Les deux Rousseau se sont illustrés, chacun dans son genre.

3*

29. On console les indifférents, et l'on s'afflige avec son ami.

3o. Les hommes ne sont-ils donc sur la terre que pour se déchirer les uns les autres, et pour se rendre mutuellement malheureux!

CHAPITRE XIII.

RÉCAPITULATION

SUR LES PRONOMS PERSONNELS, DÉMONSTRATIFS, RE-
LATIFS, POSSESSIFS ET INDÉFINIS.

(*V*. Gramm., p. 120 et suiv.)

1. LES désirs ont des charmes qui cessent d'exister pour celui qui sans cesse s'y abandonne.

2. Ce qui a droit à nos hommages par-dessus tout, c'est le mérite et la vertu.

3. L'esprit et le cœur sont les deux portes par lesquelles les vérités sont reçues dans l'ame.

4. Je lui disais : Oui, monsieur, liez-moi. — Monsieur, je ne veux point être liée, et je ne le serai point.

5. Un magistrat intègre et un brave officier servent également la patrie : celui-là en faisant

la guerre aux ennemis intérieurs, celui-ci
en nous protégeant contre les ennemis exté-
rieurs.

6. Là se trouvent de hautes montagnes toujours couvertes de neige, et d'où sortent de
grands fleuves qui parcourent les deux Amé-
riques.

7. Une pauvre fille demande à être chrétienne, et l'on ne veut pas qu'elle le soit.

8. Ils servent à l'envi les passions d'un homme
   Qui n'agit que pour lui, feignant d'agir pour Rome.

9. Les hommes sont obligés de vivre en société par le besoin qu'ils ont les uns des autres.

10. Une mère disait à sa fille : On n'est vraiment chérie de son mari et de ses enfants qu'autant qu'on remplit ses devoirs d'épouse et de
mère.

11. La plus grande des inégalités dans le
commerce intime, c'est celle des esprits.

12. Dieu considère les mains pures, et non
celles qui sont chargées d'offrandes.

13. Ma haine que j'ai crue immortelle va mourir.

14. C'est lorsque nous sommes éloignés de
notre patrie que nous sentons surtout l'instinct
qui nous y attache.

15. Nous devons préférer des amis trop sé-
vères à des amis trop complaisants : ceux-là

disent souvent la vérité, tandis que ceux-ci la dissimulent presque toujours.

16. C'est Fontenelle qui a introduit dans les sciences cette philosophie à laquelle elles doivent les progrès rapides qu'elles ont faits en France.

17. Tous ses projets semblaient les uns les autres se détruire.

18. Notre ame est comme une sentinelle placée dans notre corps, ainsi que dans un poste, d'où elle ne peut sortir sans l'ordre de la Providence, qui l'y a placée.

19. Nous ne saurions nous empêcher d'éprouver, pour les productions du génie, une vive admiration qui approche quelquefois de la superstition.

20. Richelieu et Mazarin ont gouverné la France avec une politique tout opposée. Ils furent en butte l'un et l'autre à la haine des grands, et tous les deux échappèrent au naufrage, l'un par une noble audace, et l'autre par une heureuse adresse.

21. Je pardonne à la main par laquelle Dieu m'a frappé.

22. Moi, esclave! moi, née pour commander! hélas! il n'est que trop vrai que je le suis.

23. Il est une sorte de pudeur publique qui nous force à cacher le vice, et les hommes les moins vertueux y attachent une sorte de flétrissure et d'opprobre.

24. Celui qui juge les autres d'après lui-même, est exposé à bien des méprises.

25. Si c'est effacer les sujets de haine que vous avez contre moi, que de vous recevoir pour ma fille, je veux bien que vous la soyez.

26. Aimez-vous les uns les autres, dit notre Seigneur à ses disciples.

27. Ils convinrent ensemble de tenir, chacun à leur tour, les rênes du gouvernement pendant une année.

28. Ils demandent aux dieux trop long-temps négligés
Le sang des citoyens les uns par les autres égorgés.

29. Des pays autrefois contigus à la mer, en sont aujourd'hui très-éloignés ; telles sont Aigues-Mortes et Ravenne , jadis sur les bords de la mer, et maintenant à plusieurs lieues dans les terres.

30. ... Souvent un auteur qui se flatte et qui s'aime,
Méconnaît son génie, et s'ignore lui-même.

CHAPITRE XIV.

EXERCICES

SUR LE SUJET ET SUR L'ACCORD DU VERBE.

(*V*. Gramm., p. 132 et suiv.)

1. ALEXANDRE s'étant fait présenter la mère, la femme et les enfants de Darius, leur parla avec bienveillance.

2. Avez-vous pu penser qu'au sang d'Agamemnon
   Achille préférât une fille sans nom,
   Qui, de tout son destin a pu seulement comprendre
   Qu'elle sort d'un sang qu'il brûle de répandre ?

3. Du centre de la fleur s'élèvent plusieurs petites colonnes unies ou cannelées, arrondies par le haut ou terminées en pointe : ce sont les pistils, qu'environnent ordinairement d'autres colonnes plus petites qu'on nomme étamines.

4. La mort, comme la naissance, est un mystère de la nature.

5. La fortune, de même que les dignités, rend communément les hommes orgueilleux ; mais c'est l'adversité qui les rend sages.

6. Le mérite des hommes, aussi-bien que les fruits, a sa saison.

7. Il n'y a rien que la crainte ou l'espérance ne persuade aux hommes.

8. L'homme de bien est trop confiant; sa candeur, son innocence le rend dupe des méchants.

· 9. Il ne faut aux grands ni efforts, ni étude pour se concilier les cœurs : une seule parole, un sourire gracieux, un regard leur suffit.

10. L'homme vertueux est celui que ni l'appât des richesses ni la crainte de la mort ne peuvent déterminer à commettre une action criminelle.

11. Cincinnatus et Fabius honoraient les dieux. Ni l'un ni l'autre ne faisaient aucune entreprise sans les consulter.

12. Ni l'un ni l'autre n'est l'auteur dont les ouvrages égalent les plus belles productions de l'antiquité.

13. La multitude d'hommes qui environne les princes, est cause qu'il y en a peu qui fassent une impression profonde sur eux.

14. Les méchants servent à éprouver un petit nombre de justes qui se trouvent répandus sur la terre.

15. Les Dieux décident de tout : ce sont donc les Dieux, et non les hommes qu'il faut craindre.

16. Nous avons en nous deux facultés rarement unies, c'est l'imagination et le jugement.

17. Pouvoir vivre avec soi-même, et savoir vivre avec les autres, c'est la science de la vie.

18. Remarquer les défauts des autres sans faire attention à leurs bonnes qualités, c'est être injuste.

19. L'extrême petitesse et l'extrême grandeur échappent également à notre imagination.

20. L'envie, ainsi que les autres passions, est peu compatible avec le bonheur.

21. Le bonheur ou le malheur du peuple est dans la main de ceux qui gouvernent.

22. Celui qui s'arrête dans le chemin de la vertu, a déjà reculé sans s'en apercevoir.

23. Personne ne fut plus doué que Fénélon de cette bonté, de cette indulgence qui captive les esprits et les cœurs.

24. L'homme ne doit pas compter sur la vie : une vapeur, un grain de sable suffit pour la terminer.

25. L'ignorance et la folie croient savoir tout : l'une et l'autre sont orgueilleuses; le véritable mérite seul est modeste.

26. Les étoiles sont éloignées de nous de trente milliards de lieues au moins : cette distance infinie et l'éclat dont elles brillent, donnent lieu de croire que ce sont autant de soleils ayant, chacun, leurs planètes et leurs comètes.

27. Il est difficile de connaître les hommes : la plupart, comme les plantes, ont des vertus cachées que le hasard fait découvrir.

28. Les inscriptions doivent être simples, courtes et familières; ni la pompe ni la multitude des paroles n'y valent rien.

29 ... Je ne vous dirai pas, sur le simple vulgaire,
     Ce que peuvent le génie et le grand caractère.

30. Le passé est un abîme où se précipitent le présent et l'avenir.

31. On voit dans les cercles un petit nombre d'hommes et de femmes qui pensent pour tous les autres, et par lesquels tous les autres parlent et agissent.

32. Bien écouter et bien répondre, c'est une des plus grandes perfections qu'on puisse avoir dans la conversation.

33. Se glorifier d'une bonne action qu'on a faite, c'est en perdre tout le mérite.

34. La vie humaine, ainsi que les plus belles fleurs, ne dure qu'un moment.

35. Nos maux physiques se détruisent ou nous détruisent : le temps ou la mort est notre remède.

36. A Athènes, comme à Rome, une statue, une couronne de laurier, un éloge était une récompense immense pour une bataille gagnée.

37. Ce même Agamemnon, à qui vous insultez,
    Commande à la Grèce; il est mon père, il m'aime.

38. L'autorité que les passions usurpent est la source de cette multitude d'erreurs qui inonde la société.

39. Ni le temps ni le malheur ne doivent effacer de notre cœur le souvenir d'un ami.

40. Dans la guerre, la distinction entre le héros et le grand homme est délicate, car toutes les vertus militaires font l'un et l'autre; mais l'un et l'autre, mis ensemble, ne pèsent pas un homme de bien.

41. ..... Quel nouveau trouble excitent en mes esprits
    Le sang du père, ô ciel! et les larmes du fils !

42. Ce ne sont pas les années, c'est une longue préparation qui vous donnera de l'assurance.

43. Boire, manger, dormir, c'est le partage de la brute; penser avec liberté, sentir avec délicatesse, agir avec courage, c'est le partage de l'homme.

44. Excuser en soi les sottises qu'on ne peut excuser dans autrui, c'est aimer mieux être sot soi-même que de voir les autres tels.

45. Balzac a dit : Il n'y a que la première mort, ainsi que la première nuit, qui ait excité de l'étonnement.

46. La paresse ou l'inconstance fait perdre le prix des meilleurs commencements.

47. Un mot, une surprise, un coup d'œil nous trahit.

48. Très-peu d'hommes ont le calme, le sang froid qui les rend capables de prévoir et de peser les conséquences de leurs actions.

49. Rien n'est estimable que le bon sens et la vertu : l'un et l'autre font regarder le dégoût et l'ennui comme les faiblesses d'un esprit malade.

5o. Ni vous ni moi n'avons passé par les grandes épreuves de l'envie et de l'ambition ; peut-être aurions-nous été, comme tant d'autres, de faux amis et de lâches flatteurs.

5i. Nous naissons environnés d'un nuage d'erreurs qui s'augmentent par les faux préjugés d'une mauvaise éducation.

52. Peu de personnes réfléchissent que le temps, comme l'argent, peut se perdre par une avarice hors de propos.

53. Quelque prétexte que nous donnions à nos afflictions, c'est presque toujours l'intérêt et la vanité qui nous les causent.

54. La plupart des orateurs nous donnent en longueur ce qui leur manque en profondeur.

55. Orner l'esprit des jeunes gens, leur faire aimer la vertu, et les disposer à remplir avec dignité les différentes places qui leur sont as-

signées, c'est le but principal qu'on doit se proposer dans leur éducation.

56. Le serpent à sonnettes est ainsi nommé, parce qu'il porte à l'extrémité de sa queue une suite d'anneaux mobiles qui font assez de bruit pour avertir de son approche.

57. Taire un service qu'on a rendu, c'est ajouter au bienfait.

58. La variété des productions du génie, comme celle des opérations de la nature, est sans bornes.

59. C'est l'ambition ou l'avarice, déguisée sous le nom d'une fausse gloire, qui peut porter les hommes à être conquérants.

60. La douceur, l'affabilité est le caractère de la véritable grandeur.

61. La mort est aussi naturelle que la vie : l'une et l'autre nous arrivent sans que nous puissions nous en apercevoir.

62. On a peu d'amis lorsqu'on est malheureux, mais le peu qu'on en a n'en sont que plus précieux.

63. Ce sont les Égyptiens qui, les premiers, observèrent le cours des astres, réglèrent l'année, et inventèrent l'arithmétique.

64. Estimer quelqu'un et lui donner toute sa confiance, c'est l'égaler à soi.

65. C'est l'orgueil et la mollesse de certains hommes qui en mettent tant d'autres dans une affreuse pauvreté.

66. Une des principales beautés du caractère d'une femme, c'est cette retenue, cette réserve modeste qui lui fait éviter les louanges.

67. La force de l'ame, comme celle du corps, est le fruit de la tempérance.

68. Les méchants sont comme les mouches, qui parcourent le corps d'un homme, et ne s'arrêtent que sur ses plaies.

69. Passer du plaisir aux affaires, et de celles-ci à la dissipation, c'est la marque d'un esprit maître de lui et doué d'une grande force.

70. J'ai pour aïeul le père et le maître des dieux :
Le ciel, tout l'univers est plein de mes aïeux.

71. Le bonheur ou le mérite a pu faire des héros; mais la vertu seule a pu faire des grands hommes.

72. Le physicien et le poète sont dignes d'être comparés; l'un et l'autre remontent au-delà de toutes les traditions.

73. Ni l'aveugle hasard, ni l'aveugle matière
N'ont pu créer mon ame, essence de lumière.

74. C'est à Jacques Ier que commence cette chaîne de malheurs qui a fait donner à la maison de Stuart le titre d'infortunée.

75. Faire plaisir à un ami, c'est s'en faire à soi-même.

76. La nature a pour tous les yeux deux charmes tout-puissants, lorsqu'ils se trouvent réunis : c'est la jeunesse et la beauté.

77. La population du globe, ainsi que l'Océan, se déplace dans le cours des siècles.

78. Quel charme et quel pouvoir suprême
Commandent à ma colère, et m'arrachent à moi-même.

79. La raison, comme la religion, nous révèle l'existence d'une autre vie.

80. Étudiez la cour, et connaissez la ville :
L'une et l'autre sont toujours en modèles fertiles.

81. L'indécision, l'incertitude conduit toujours aux préjugés, à la surprise.

82. L'ignorance ou la partialité déguise tout.

83. Il y a deux choses qui perdent les hommes : c'est l'abondance des richesses et l'abondance des paroles.

84. Le cœur est rarement d'accord avec l'esprit ; c'est ce qui fait que la plupart des hommes pensent bien et vivent mal.

85. Gélon, roi de Syracuse, ayant contraint par ses victoires les Carthaginois à conclure la paix, leur imposa, pour principale condition, de renoncer aux sacrifices humains

86. Peu de personnes raisonnent, mais la plu-

part embrassent leurs opinions par la pente de leur cœur, et par une vue confuse qui n'est autrechose que la fantaisie.

87. Recevoir sans orgueil, et rendre sans peine, c'est le devoir d'une ame reconnaissante.

88. Renoncer aux dieux que l'on croit dans son cœur,
    C'est le crime d'un lâche, et non pas une erreur.

89. Nous portons en nous-mêmes nos plus grands ennemis : ce sont nos passions.

90. Persart vit dans la Nouvelle - Hollande une troupe de nègres qui vinrent à lui, en marchant sur les mains comme sur les pieds.

91. Quels étaient votre état, votre rang, votre père ?

92. Jamais la fierté noble de Duguay-Trouin ne parut dans la société, que lorsque l'injustice ou l'envie osa lui disputer sa gloire.

93. Dans tous les âges de la vie, l'amour du travail, le goût de l'étude est un bien.

94. Votre époux avec lui termine sa carrière,
    L'un et l'autre bientôt voient leur heure dernière.

95. Le luxe, de même qu'un torrent, renverse et entraîne tout.

96. La totalité des hommes ne juge de la conduite des autres que par le succès.

97. Louer quelqu'un des vertus qu'il n'a pas, c'est lui dire impunément des injures.

98. La richesse, comme le luxe, engendre la mollesse.

~~~~~~

CHAPITRE XV.

EXERCICES

SUR LE RÉGIME DES VERBES , DES ADJECTIFS ET DES
PRÉPOSITIONS.

(*V*. Gramm., p. 138 et suiv.)

1. Nous devons chérir extrêmement nos parents , puisque c'est d'eux que nous tenons la vie , la fortune et la patrie.

2. C'est dans le creuset que l'on éprouve l'or; c'est dans l'adversité que l'on reconnaît l'ami véritable.

3. L'histoire est un théâtre où la politique, de même que la morale, est mise en action : c'est-là que les hommes n'ont plus de rang que par leurs vertus.

4. Nous pardonnons souvent à ceux qui nous ennuient, mais nous ne pardonnons pas à ceux que nous ennuyons.

5. Les grandeurs abaissent ceux qui ne savent pas les soutenir, au lieu de leur donner de l'élévation.

6. Comment les ambitieux useraient-ils avec prudence de la victoire si pro-

pre à enivrer d'orgueil les hommes les plus modérés, et si capable de les y porter.

7. Les talents sont comme les arbres qui
produisent selon la culture qu'ils ont reçue, et
à proportion de cette même culture.

8. L'homme qui aime à faire le bien, et à en
être loué, n'est pas vraiment vertueux.

9. La première faute de l'homme fut de se
révolter contre son Créateur, et d'employer,
pour l'offenser, tous les avantages qu'il en avait
reçus.

10. Vois la vigilence avec laquelle Platon
cherche à vaincre ses passions, et la règle austère à laquelle il soumet la vertu.

11. Bien écrire, c'est tout à la fois bien penser, bien sentir et bien rendre.

12. Un homme livré à l'ambition n'est jamais rebuté par les difficultés qu'il trouve sur
son chemin.

13. C'est dans la solitude que toutes les heures
laissent des traces, et que le temps est au sage,
et le sage à lui-même.

14. O mon cher Aristias, si tu aimes ta patrie, que les dieux te préservent de lui souhaiter des succès qui contribueraient à sa décadence et à sa ruine, et les accéléreraient.

15. La seconde croisade fut annoncée par
Foulques, curé de Neuilly ; il choisit, pour la

prêcher, le moment où les grands et la noblesse étaient réunis dans un tournois.

16. Ce qui lie les hommes les uns aux autres,
c'est un accord parfait dans leur manière de
voir.

17. O Télémaque, aimez vos peuples comme
vos enfants, goûtez le plaisir d'être aimé
d'eux, et faites qu'ils ne puissent jamais goûter
la paix ni la joie sans se souvenir que c'est à un
bon roi qu'ils sont redevables de ces précieux
avantages.

18. Ce n'est que par l'exercice des vertus
domestiques qu'un peuple se prépare à la pratique des vertus publiques.

19. L'homme de bien ne craint pas que la
calomnie l'attaque, ni qu'elle puisse porter
atteinte à sa réputation : le témoignage de
sa conscience lui suffit.

20. C'est à Jenner qu'est due la découverte
de la vaccine, dont les premiers essais furent
faits en Ecosse, en l'an mil sept cent quatre-
vingt-seize.

21. Qu'Énée et ses vaisseaux, par le vent écartés,
    Soient aux bords africains par un orage emportés.

22. Lorsqu'on s'est écarté des bons principes
par faiblesse, on désire se justifier par vanité,
et on le cherche.

23. Asclépiade et Ménédème étaient deux
philosophes célèbres par leurs vertus, et par
l'amitié qui les unissait l'un à l'autre.

24. Croyez que la vertu est préférable aux richesses, et que Dieu récompense ceux qui la pratiquent.

25. Sennamor, architecte arabe, florissait vers l'an quinze cent ; c'est à lui que les Arabes doivent deux palais qu'ils ont placés au rang des merveilles du monde.

26. Ce n'est qu'au sein de sa famille qu'on trouve un asile contre les coups de la fortune.

27. Tout ce qui contribue au bonheur, ou passe pour l'assurer, sera toujours chéri des hommes.

CHAPITRE XVI.

EXERCICES

SUR LES MODES ET LES TEMPS QUI PRÉSENTENT DES DIFFICULTÉS.

Emploi des temps de l'indicatif et du conditionnel.

(*V.* Gramm. , p. 144 et suiv.)

1. Il fond sur l'ennemi, le saisit d'une main victorieuse, et le renverse comme l'aquilon abat les tendres moissons qui dorent les campagnes.

2. La Motte avait coutume de dire que l'envie est un hommage maladroit que l'infériorité rend au mérite.

3. J'ai lu ce matin cette maxime où Platon

dit que l'espérance est le songe d'un homme éveillé.

4. L'empereur Antonin avait appris à son fils, Marc-Aurèle, qu'il vaut mieux sauver un seul citoyen que de défaire mille ennemis.

5. Quelques historiens ont blâmé Henri iv de l'extrême indulgence avec laquelle il a traité quelques-uns de ses ennemis.

6. Turenne pensait qu'un habile capitaine peut bien être vaincu, mais qu'il ne lui est pas permis d'être surpris.

7. On croit que le prince doit se rendre à l'armée, et qu'il y prendra le commandement en chef.

8. Ovide a dit que l'étude adoucit les mœurs, et efface tout ce qu'il y a en nous de grossier et de barbare.

9. Tout-à-coup une noire tempête enveloppe le ciel, et irrite les ondes de la mer; le jour se change en nuit, et la mort se présente à nous; le pilote, troublé, s'écrie qu'il ne peut résister aux vagues; un coup de vent rompt notre mât, et un moment après nous entendons les pointes des rochers qui entr'ouvrent le fond du navire.

10. Les arts mécaniques ont fait en France plus de progrès depuis le commencement de ce siècle, qu'ils n'en avaient fait pendant le siècle précédent.

11. Je n'ai pas oublié, prince, que ma victoire
Doit à vos exploits la moitié de sa gloire.

12. Antisthène disait que le propre des dieux est de n'avoir besoin de rien, et que les gens qui ont le moins de besoins sont ceux qui approchent le plus de la Divinité.

13. Bion disait aussi que presque toujours les richesses l'ont emporté sur le mérite.

Emploi du subjonctif.

14. Quoique les méchants prospèrent quelquefois, ne pensez pas qu'ils soient heureux.

15. Pensez-vous qu'en formant la république des abeilles, Dieu n'ait pas voulu instruire les rois à commander avec douceur, et les sujets à obéir avec amour ?

16. Quel est l'homme qui n'ait pas une trop haute idée de soi, et une trop mince des autres ?

17. Croyez-vous que le coupable dort tranquille, et qu'il peut étouffer les remords dont il est déchiré ?

18. Il suffit qu'un habile homme n'ait rien négligé pour faire réussir une entreprise : le mauvais succès ne doit pas diminuer son mérite.

19. Il semble que le temps soit un ennemi commun contre lequel tous les hommes sont conjurés.

20. Il me semble que rien n'est plus propre

à élever l'ame que la contemplation des merveilles de la nature.

21. La sagesse est la seule chose dont la possession soit certaine.

22. Il y a peu de mots qui, étant heureusement placés, ne puissent contribuer au sublime.

23. Citez-moi un maître dont les leçons soient aussi profitables que celles de l'expérience.

24. ... Dans quelque haut rang que vous soyez placé ,
    Souvent le plus heureux s'y trouve renversé.

25. Quoique les douceurs de la vie soient souvent le fruit des arts, elles ne sont pas toujours le partage des artistes.

26. On se réjouissait à ta naissance, et tu pleurais ; vis de manière qu'au moment de ta mort tu puisses te réjouir, et voir pleurer les autres.

27. Il semble aux ambitieux qu'on leur ravit les grâces qu'on répand sur les autres.

28. Préférez des expressions où l'analogie soit unie à la clarté.

29. Il n'y a que la vérité qui soit durable, et même éternelle.

30. De tous les maux, la mort est le seul dont la présence n'ait jamais incommodé personne, et qui ne chagrine qu'en son absence.

31. L'exemple d'une bonne vie est la meil-

leure leçon qu'on puisse donner au genre humain.

3⒉ Citez-moi un homme qui n'ait jamais eu
à se plaindre de ses semblables.

33. Au milieu du flux et du reflux de joies
et de douleurs qui roulent sur la tête des mortels, en est-il un qui puisse se flatter de jouir
d'une félicité constante?

34. La raison, une fois sortie des limites
qui lui sont assignées, ne trouve plus rien qui
puisse l'arrêter.

35. La religion chinoise est la seule de toutes
les religions qui n'ait point enseigné l'immortalité de l'ame.

36. Il semble que la nature ait pris plaisir,
sous le règne de Louis xiv, à produire des
grands hommes en tout genre.

3⒎ Quels sont les maux qui n'aient pas en
même temps leurs remèdes?

38. Faites choix d'un censeur solide et salutaire
   Que la raison conduise, et le savoir éclaire.

3⒐ Parmi les différentes expressions qui
peuvent rendre une pensée, il n'y en a qu'une
qui soit la bonne; on la rencontre rarement,
quoiqu'elle soit presque toujours la plus simple
et la plus naturelle.

4⒪ La préférence de l'intérêt général au
personnel, est la seule définition qui soit digne
de la vertu.

41. Il n'y a pas dans le cœur de l'homme un bon mouvement que Dieu ne produise.

42. Avec quelques couleurs qu'on ait peint ma fierté,
   Croit-on que dans ses flancs un monstre m'ait porté ?

43. Le siége d'Azoth dura vingt-neuf ans : c'est le plus long siége dont il soit question dans l'histoire ancienne.

44. O Crétois, ne cherchez pas, pour vous gouverner, un homme qui ait vaincu les autres dans les jeux d'esprit et de corps, mais qui se soit vaincu lui-même; cherchez un homme qui ait vos lois écrites dans le fond de son cœur, et dont toute la vie soit la pratique de ces lois : puissent les Dieux vous donner un tel roi.

Emploi des temps du subjonctif.

45. Les hommes parlent de la félicité, mais en est-il un qui ait jamais su en quoi elle consiste ?

46. Je doute qu'un homme de bien consentît jamais à une bassesse, quand même on lui offrirait les plus grands avantages.

47. Je ne crois pas que le siècle de Louis XIV fût devenu si célèbre sans les grands écrivains qui en ont fait une des plus brillantes époques de notre littérature.

48. Le fameux colosse de Rhodes était une des sept merveilles du monde ; c'était une statue du soleil assez élevée pour que les vaisseaux

passassent dessous ; elle avait cent cinq pieds de hauteur ; il y avait peu d'hommes qui pussent embrasser son pouce.

49. Il est si naturel d'estimer ce qu'on aime,
Qu'on voudrait que partout on l'estimât de même.

5o. La Fontaine est peut-être le seul des gens de lettres de son temps qui n'ait eu aucune part aux libéralités de Louis XIV.

51. Avez-vous pu, cruel, l'immoler aujourd'hui,
Sans que tout votre sang se soulevât pour lui ?

52. Il serait à désirer que l'amour que nous devons avoir les uns pour les autres fût le principe de toutes nos actions, comme il est la base de toutes nos vertus.

53. Aristide avait été juste, avant que Socrate eût dit ce que c'est que la justice.

54. Dieu a accordé le sommeil aux méchants, afin que les bons aient quelques moments de tranquillité.

55. Les illusions heureuses sont ce qu'il y a de mieux dans le monde ; aussi Fontenelle, en le quittant, disait-il : Il était temps que je m'en allasse, car je commençais à voir les choses telles qu'elles sont.

56. L'envieux voudrait que tout ce qui est bon appartînt à lui seul.

57. L'intérieur de la terre étant rempli de feu, il fallait nécessairement qu'il y eût des volcans, parce qu'ils sont les soupiraux au

moyen desquels l'action du redoutable élément est affaiblie et rompue.

58. .... J'ai voulu qu'Andromaque aujourd'hui
Honorât son triomphe, et répondît de lui.

59. Il faudrait que tous les hommes aimassent les louanges, et qu'ils s'efforçassent de les mériter.

60. Solon, en mourant, ordonna qu'on portât ses os à Salamine, qu'on les brûlât, et qu'on en jetât la cendre par toute la campagne.

61. La nature a fait de l'homme un être compatissant, afin qu'il soit secourable.

62. L'empereur Théodose fit une loi par laquelle il condamnait à mort tout délateur qui l'était pour la troisième fois, quoique ses délations n'eussent point été jugées fausses.

63. Il serait à souhaiter que les mouvements de la colère ne pussent nuire qu'une fois, à l'exemple des abeilles dont l'aiguillon se rompt à la première piqûre.

Emploi de l'infinitif.

64. L'absence qui sépare ceux qui vivent de ceux qui ne vivent plus, est trop courte pour que nous nous plaignions.

65. Nous aimons mieux satisfaire une vaine curiosité, et nourrir dans notre esprit indocile la liberté de penser tout ce qu'il nous plaît, que de ployer sous le joug de l'autorité divine.

66. Que l'on cherche partout mes tablettes perdues ,
Et que, sans qu'on les ouvre , elles me soient rendues.

67. Les mourants qui parlent dans leurs testaments, peuvent s'attendre à être écoutés comme des oracles.

68. Il n'y a rien qui soit plus opposé à nos coutumes que la manière dont les Banians trafiquent dans l'Indostan : on y conclut les marchés les plus considérables sans parler et sans écrire : tout se fait par signes.

69. La crainte des supplices, ou d'une mort prochaine, ne put faire consentir saint Louis à payer une rançon pour lui.

70. On envoya Caton dans l'île de Cypre, pour l'éloigner de Rome.

71. L'homme bien né n'aime pas à contredire, mais il aime encore moins à flatter.

72. Les mouvements des passions ne se font sentir que pour que nous ayons plus de mérite à les réprimer.

73. Là, on dresse souvent une pompe funèbre, où l'on s'attendait à dresser un triomphe.

74. Un jeune homme qui aime à se parer vainement comme une femme, n'est pas digne de la gloire.

CHAPITRE XVII.

RÉCAPITULATION

DES DIFFICULTÉS QUE PRÉSENTENT L'ACCORD DU VER-
BE, LE RÉGIME, ET L'EMPLOI DES MODES ET DES
TEMPS.

(*V.* Gramm., depuis la p. 132 jusqu'à la p. 152.)

1. SE montrer modéré au faîte de la prospérité, c'est le comble de la sagesse.

2. L'homme qui est le plus propre à remplir
une place, et qui en est le plus digne, n'est pas
toujours celui qui l'obtient.

3. Tout dans l'univers s'altère et périt; il
n'y a que les écrits que le génie a dictés qui
soient immortels.

4. Bias, l'un des sept sages de la Grèce, disait qu'il faut se comporter avec ses ennemis
comme si l'on voulait qu'ils fussent un jour nos
amis.

5. Une grande naissance, ou une grande
fortune suppose le mérite, et le fait plus tôt
remarquer.

6. En l'an trois cent cinquante-sept, Dion,
avec trois mille soldats, assiégea Syracuse et
s'en empara.

7. Le plaisir d'obliger est le seul bien suprême
   Qui puisse élever l'homme au-dessus de lui-même.

8. Dieu donne des richesses à quelques mortels indignes d'en jouir, afin qu'elles deviennent le supplice de leurs passions.

9. Savoir donner à propos, et refuser sans paraître dur, c'est un talent que tout le monde n'a pas.

10. A peine Ovide parut - il dans le monde littéraire, qu'il fut aimé et estimé de tous ceux pour qui les vers avaient quelques charmes.

11. Il y a peu d'hommes dont l'esprit soit accompagné d'un goût sûr, et d'une critique judicieuse.

12. Le nourrisson du Pinde, ainsi que le guerrier,
    A tout l'or du Pérou, préfère un beau laurier.

13. Il n'y a guère qu'un petit nombre de connaisseurs qui discernent, et qui soient en état de prononcer.

14. Les louanges que nous donnons aux autres, se rapportent toujours par quelque endroit à nous-mêmes : c'est l'intérêt ou la vanité qui en est la source secrète.

15. C'est au fils aîné du roi d'Angleterre qu'appartient le titre de prince de Galles.

16. Il semble qu'il n'y ait rien qui dégrade plus un écrivain que la peine qu'il prend pour exprimer d'une manière extraordinaire les choses les plus simples.

17. Pardonnez souvent aux autres, jamais à vous-même.

18. Nous n'aimons pas à recevoir des avis, quand ils blessent notre amour-propre.

19. Ce ne sont pas les Troyens, c'est Hector qu'on poursuit.

20. L'avarice s'accroît et s'enflamme par les remèdes mêmes qui guérissent les autres passions, et y mettent un terme.

21. La plupart des désordres de l'économie animale viennent du dérèglement des passions.

22. D'adorateurs zélés à peine un petit nombre
Osent des premiers temps nous retracer quelque ombre.

23. Il n'y a point de sots qui soient plus incommodes que ceux qui ont de l'esprit.

24. Le Tartare était la partie la plus profonde des Enfers; c'était là qu'étaient les impies et les scélérats dont les crimes ne pouvaient s'expier.

25. Que ne peuvent le courage et la force, quand ils sont aidés par la sagesse !

26. L'abbé de Saint-Pierre croyait que la devise de l'homme vertueux est renfermée dans ces deux mots : donner et pardonner.

27. Une multitude d'animaux placés dans ces belles retraites par la main du Créateur, y répandent l'enchantement et la vie.

28. Les égards que les hommes se doivent les uns aux autres, sont un des devoirs les plus indispensables de la société.

29. Le tigre est peut-être le seul animal dont on ne puisse fléchir le naturel.

30. La crainte, l'honneur ou le respect des lois mit-il jamais un frein à l'impatience de l'avare ?

31. La divine Providence met toujours le remède à côté du mal : il n'y a pas un devoir auquel elle n'ait attaché un bien, ni une affliction pour laquelle la vertu n'ait trouvé un remède.

32. Une action est bonne ou mauvaise, selon qu'elle est conforme aux lois ou s'en écarte.

33. Quelque jeune qu'on soit, quand on a su bien vivre,
On a toujours assez vécu.

34. Nommer un roi père du peuple, c'est moins faire son éloge que l'appeler par son nom.

35. Nous aimons mieux rester dans l'ignorance que de l'avouer.

36. Les princes affermissent leur autorité en affermissant l'autorité de la religion ; aussi, c'est à eux que le culte doit sa première magnificence.

37. Il n'y a que la cour d'un bon roi qui puisse attacher et fixer un homme sage.

38. L'esprit, comme le corps, se fortifie par degrés ; il n'y a que l'oisiveté qui les affoiblisse : à force de repos, l'un et l'autre deviennent incapables de travail.

39. La Providence permit que saint Louis fît sentir la force de ses armes à ceux qui voulaient s'opposer à sa gloire.

40. Montézuma régnait sur les Mexicains, lorsque Fernand-Cortès attaqua le Mexique, et en fit la conquête, en l'an quinze cent dix-huit.

41. Le flatteur, de même que le trompeur, est également à craindre.

42. Ce n'est que dans les siècles éclairés que l'on a bien écrit et bien parlé.

43. Laisser le crime en paix, c'est s'en rendre coupable.

44. Tant d'années d'habitude étaient des chaînes de fer, qui me liaient à ces hommes pervers.

45. Quand par le moindre intérêt le cœur est combattu,
Sa générosité n'est plus une vertu.

46. A nous voir porter nos désirs si loin, il semble que nous croyions être immortels.

47. La richesse et le luxe donnent naissance à la mollesse et à l'oisiveté, et les nourrissent.

48. C'est de la naissance de Jésus-Christ que nous commençons la série des siècles, et des années de l'histoire moderne.

49. La bonté nous fait pardonner aux uns, et compâtir aux peines des autres.

50. Exerçant l'un sur l'autre un mutuel empire,
Par les mêmes liens l'un et l'autre s'attirent.

51. On a dit avec raison que la honte est un

mélange des chagrins et de la crainte que cause l'infamie.

52. Dieu, à dessein de faire comprendre à l'homme combien il est honteux de s'attacher trop fortement aux délices de ce monde, a voulu que leur perte soit un supplice.

53. Hérophile, philosophe grec, ainsi que Descartes, plaçait l'ame dans le centre du cerveau.

54. Il n'y a guère d'esprits qui soient capables d'embrasser à la fois toutes les faces d'un sujet.

55. On lisait au roi les actions des grands hommes, afin qu'il gouvernât son État par leurs maximes.

56. C'est à la nécessité que l'architecture doit sa naissance ; mais c'est du luxe qu'elle a reçu ses embellissements.

57. Mentor, qui craignait les maux avant qu'ils arrivassent, ne savait plus ce que c'était que de les craindre dès qu'ils étaient arrivés.

58. Il n'y a que les plaisirs innocents qui puissent laisser une joie pure dans l'ame ; tout ce qui la souille, l'attriste et la noircit.

59. Tronchin disait que l'envie est comme un enfant méchant et opiniâtre qu'on ne peut apaiser qu'en ne faisant pas attention à ses cris.

60. Rien ne contribue au premier succès

d'un livre ni ne l'assure , comme le bruit qu'il fait.

61. Les leçons les plus utiles que nous puissions recevoir , sont celles de l'expérience.

62. L'un et l'autre rival , s'arrêtant au passage ,
Se mesurent des yeux , s'observent et s'envisagent.

63. Sillacus disait que, pour réussir, il faut méditer à loisir , et exécuter promptement les choses qu'on a projetées.

64. La vertu est le premier des biens ; c'est d'elle seule que nous devons attendre le bonheur.

65. Il n'y a qu'un homme de bien qui puisse en former d'autres.

CHAPITRE XVIII.

EXERCICES (*)

SUR LE PARTICIPE PRÉSENT ET SUR L'ADJECTIF VERBAL.

(*V.* Gramm., p. 152, 153 et 154.)

LE séjour des champs eut toujours pour moi des charmes : j'aime à voir les troupeaux errant en paix dans les vastes prairies ; les brebis bêlantes, caressant leurs tendres agneaux bondissant près d'elle ; la chèvre capricieuse grimpant sur les rochers escarpés, broutant les plantes croissant, fleurissant parmi les buissons, ou les bourgeons naissants de la ronce rampante ; les lapins timides, tantôt réunis en troupes, tantôt se dispersant au moindre bruit, et fuyant çà et là ; les oiseaux, au retour de l'aurore, ravissant mes oreilles de leurs doux concerts, et m'inspirant une tendre mélancolie. Innocents animaux ! il n'en est point parmi vous qui, prévoyant le sort cruel que les hommes leur préparent, soient agités

(*) Nous devons cet exercice à M. Bescher, auteur d'une théorie nouvelle du participe, ouvrage remarquable par la manière méthodique et savante avec laquelle cette partie de la grammaire s'y trouve traitée.

des soins inquiétants de l'avenir. La sage nature
vous a refusé la qualité d'êtres pensants ; ne
l'enviez pas : vous jouissez du présent, vous
êtes heureux. Oui, j'aime à voir, et ces bergers
chantant, jouant leurs airs champêtres reten-
tissants sous la voûte résonnante d'une grotte ;
et ces jeunes bergères, les bras entrelacés,
dansant, courant sur la verdure ; et cette
source cristalline filtrant à travers l'épaisseur
du roc, bientôt coulant en abondance, et dé-
posant ses eaux courantes et limpides dans un
bassin. C'est là que les troupeaux altérés,
fuyant les rayons brûlants de l'astre du jour,
trouvent une liqueur rafraîchissante.

Voyez cette vaste nappe d'eau dormante :
quoiqu'elle n'ait aucun cours, les vents agitant
sa surface, entretiennent sa pureté. Elle est
loin de ressembler à ces marais croupissants,
exhalant une odeur bitumineuse et fétide. Des
poissons innombrables, vivant dans son sein,
sont destinés à la table du maître. Deux barques, voguant à toutes voiles, et fuyant l'ouragan dont elles sont menacées, cherchent à
gagner le bord. Les vents, soufflant avec force,
sifflant dans les cordages, s'opposent à la ma-
nœuvre. Déjà les vagues, blanchissantes d'écume,
tracent sur l'onde de larges sillons. Des bran-
ches, des feuillages, emportés par un tourbillon, tombent dans l'étang, et forment des
débris flottants sur les eaux. Les oiseaux timides, se rassemblant en troupes et volant

d'une aile rapide ; les animaux fuyant au hasard ; les éclairs brillant par intervalle et sillonnant les flancs ténébreux du nuage ; la foudre grondant sur nos têtes ; la terre tremblant sous nos pieds ; une pluie mêlée de grêle, tombant par torrents ; voilà l'image terrible, effrayante qui porte dans nos cœurs la consternation. Que vont devenir nos marins ? hélas ! s'ils l'avaient voulu, ils auraient évité leur sort. Une corneille, errant à pas lents sur le gravier, l'avait annoncé par ses cris sinistres. A l'instant où ils font leurs efforts pour baisser leurs voiles, voiles, mâts, cordages, tout est emporté. Leurs barques vacillantes ont peine à conserver l'équilibre. Les vagues mugissantes, s'élevant au-dessus de ces frêles embarcations, vont les engloutir. Cependant l'impétuosité du vent les pousse vers des roches menaçantes qui ferment le bassin. Craignant de se voir briser, nos jeunes nautonniers, s'élançant à la fois, nageant avec ardeur, abordent sur le sable, tout dégouttants d'eau, défaillants, presque expirants de faiblesse et de fatigue. Les bateaux fracassés, les mâts, les voiles, poussés par le vent, et flottant vers la rive, offrent le tableau d'un naufrage.

CHAPITRE XIX.

EXERCICES

SUR L'EMPLOI DU PARTICIPE PASSÉ.

(*V*. Grammaire, p. 154, et suiv.)

1. IL y a des sottises bien habillées, comme il y a des sots bien vêtus.

2. On pourrait appeler la politesse une bonté assaisonnée : c'est la bonne grâce ajoutée au bon cœur.

3. Les récompenses accordées au mérite ne doivent jamais être le prix de l'intrigue.

4. Le corps le plus subtil est commé un monde où des millions de parties se trouvent réunies, et arrangées dans l'ordre le plus parfait.

5. Les belles actions cachées sont les plus estimables.

6. Qu'elle est belle cette nature cultivée ! Que, par les soins de l'homme, elle est brillante et pompeusement parée ! Il en fait lui-même le principal ornement ; et il met au jour, par son art, tout ce qu'elle recélait dans son sein. Que de trésors ignorés ! que de richesses nouvelles ! les fleurs, les fruits, les grains perfectionnés à l'infini ; les espèces utiles d'animaux trans-

portées, propagées, augmentées sans nombre ;
les espèces nuisibles réduites, confinées, relé-
guées ; l'or et le fer, plus nécessaire que l'or,
tirés des entrailles de la terre ; les torrents con-
tenus, les fleuves dirigés, resserrés ; la mer sou-
mise, reconnue, traversée d'un hémisphère à
l'autre ; la terre accessible partout, partout
rendue aussi vivante que féconde ; dans les val-
lées, de riantes prairies ; dans les plaines de
riches pâturages ou des moissons encore plus
riches, les collines chargées de vignes et de fruits,
leurs sommets couronnés d'arbres utiles et de
jeunes forêts ; les déserts devenus des cités ha-
bitées par un peuple immense, qui, circulant
sans cesse, se répand de ses centres, jusqu'aux
extrémités ; des routes ouvertes et fréquentées ;
des communications établies partout comme
autant de témoins de la force et de l'union de
la société.

7. Les hommes passent comme les fleurs,
qui, épanouies le matin, le soir sont flétries
et foulées aux pieds.

8. Nous oublions aisément nos fautes, lorsqu'elles ne sont sues que de nous.

9. Le cœur de l'homme ingrat est semblable
à un désert qui boit avidement la pluie tombée
du ciel, l'engloutit et ne produit rien.

10. La mort n'est prématurée que pour qui
meurt sans vertus.

11. Lorsque l'ame est agitée, la face humaine

devient un tableau vivant où les passions sont
rendues avec autant de délicatesse que d'énergie;
où tous les mouvements de l'ame sont exprimés
par un trait, et où chaque action est désignée
par un caractère, dont l'impression vive et
profonde devance la volonté, et nous décèle.

12. Nous sommes assez vengés, quand celui
par qui nous avons été offensés, est persuadé du
pouvoir que son offense nous donne.

13. Le premier degré du pardon est de ne
plus parler de l'injure qu'on a reçue.

14. Les défauts de Pierre-le-Grand ont terni
ses grandes et admirables qualités.

15. Nous n'estimons rien plus qu'une grâce
que nous demandons; nous n'estimons rien
moins, dès que nous l'avons obtenue.

16. Tous les animaux et tous les végétaux qui
ont existé, depuis la création du monde, ont
tiré successivement de la surface du globe
terrestre, la matière de leur corps, et lui ont
rendu, à la mort, ce qu'ils en avaient em-
prunté.

17. Plusieurs des altérations que notre globe
a souffertes ont été produites par le mouvement
des eaux.

18. Les hommes qui ont le plus vécu ne sont
pas ceux qui ont compté le plus d'années, mais
ceux qui ont le mieux usé de celles que le
ciel leur a départies.

19. Superbes montagnes, qui vous a établies sur vos fondements? qui a élevé vos têtes jusqu'au-dessus des nues? qui vous a ornées de forêts verdoyantes, de ces arbres fruitiers, de ces plantes si utiles et si variées, de tant de fleurs agréables?

20. Le dépôt de la tradition se compose de souvenirs que le temps a altérés, et de fictions que l'imagination a créées.

21. Telle fut la reine dans tout le cours de sa vie. Dieu l'avait élevée sur le trône, afin qu'elle honorât la religion; et unie au plus grand roi du monde, afin que sa vertu fût plus regardée. Elle suivit sa vocation : jamais vie ne s'est montrée plus régulière ni plus approuvée. Est-il échappé quelque indiscrétion à sa jeunesse? sa beauté n'a-t-elle pas été sous la garde de la plus scrupuleuse vertu? a-t-elle aimé qu'on la louât contre la vérité, ou qu'on la divertît aux dépens de la charité chrétienne? A quelle espèce de ses devoirs publics ou particuliers, de religion ou domestiques a-t-elle manqué?

22. Les peuples mêmes que l'on a regardés comme sauvages ont admiré et estimé les hommes justes, tempérants et désintéressés.

23. Toutes les dignités que tu m'as demandées,
     Je te les ai sur l'heure, et sans peine accordées.

24. Les hommes n'ont jamais cueilli le fruit du bonheur sur l'arbre de l'injustice.

5

25. Tant qu'ils ont vécu, Racine et Boileau se sont donné des preuves de l'estime la plus sincère.

26. Ailleurs, les eaux se sont pratiqué des cours souterrains, où coulent des ruisseaux pendant une partie de l'année.

27. Saturne, issu de l'union du ciel et de la terre, eut trois fils, qui se sont partagé le domaine de l'univers.

28. La gloire des hommes doit toujours se mesurer sur les moyens dont ils se sont servis pour l'acquérir.

29. Quelques-uns de nos auteurs se sont imaginé qu'ils surpassaient les anciens.

30. Le vice est une maladie de l'ame d'autant plus honteuse que ceux qui en sont attaqués refusent d'employer les remèdes qui les auraient guéris; aussi est-il bien rare que nous nous corrigions des vices qui se sont une fois emparés de notre cœur.

31. Le sage ne se conduit par les lumières d'autrui qu'autant qu'il se les est rendues familières.

32. Les poètes épiques se sont toujours plu à décrire des batailles.

33. Parmi les animaux et les végétaux qui ont été ensevelis dans des sucs pierreux, il en est qui n'ont laissé qu'une image d'eux-mêmes. Couverts de toutes parts d'une argile molle, ils

s'y sont corrompus et dissous, tandis que l'argile s'est endurcie, pétrifiée, formant une cavité qui représente distinctement les corps qui y étaient renfermés.

34. Comme il ne s'était pas présenté un assez grand nombre de citoyens romains pour remplir cette colonie, on y avait suppléé par des gens ramassés de différents endroits, latins, herniques et toscans. Il s'y était même glissé des Volsques. Ces aventuriers, en plus grand nombre que les Romains, s'étaient rendus les plus puissants dans les conseils.

35. Les secours que vous aviez prétendu que j'obtiendrais, ont été illusoires.

36. L'affaire paraissant plus grave qu'on ne l'avait cru d'abord, les consuls résolurent de commencer la guerre.

37. Les passions que vous avez laissées fomenter finissent par vous subjuguer.

38. Cent ans d'oisiveté ne valent pas une heure qu'on a su bien employer.

39. Racine, Voltaire, Fénélon, Massillon, et ceux qui, comme eux, ont goûté cette mollesse heureuse des anciens, l'ont laissée entrer dans leurs compositions.

40. On voit des hommes tomber d'une haute fortune par les mêmes défauts qui les y avaient fait monter.

41. Louis XI fit taire ceux qu'il avait fait si bien parler.

42. La plante, lorsqu'on l'a mise en liberté, garde l'inclinaison qu'on l'a forcée à prendre ; mais la sève n'a point changé pour cela sa direction primitive, et, si la plante continue à végéter, le prolongement en redevient vertical.

43. L'éruption du Vésuve est un des spectacles que la nature s'est réservé de montrer seule à l'admiration de l'homme, comme le lever du soleil et l'immensité des mers.

44. Ne pas écrire correctement, c'est dévoiler le peu d'éducation qu'on a reçu.

45. Déjotanus gagne le port de Phasète, petite ville où il n'a point à craindre le peu d'habitants que la guerre y a laissés.

46. Notre traversée fut aussi heureuse que nous l'avions présumé ; et quant à la fertilité de l'île, nous ne nous sommes pas trompés dans l'espérance que nous en avions conçue.

47. Les Russes sont venus tard, et ayant introduit chez eux les arts tout perfectionnés, il est arrivé qu'ils ont fait plus de progrès en cinquante ans, qu'aucune nation n'en avait fait par elle-même en cinq cents années.

48. Alexandre a détruit plus de villes qu'il n'en a fondé.

49. Qui pourrait dire combien de larmes lui ont coûtées ces divisions toujours trop longues !

50. Le travail et le courage joints ensemble, et long-temps soutenus, font surmonter tous les obstacles.

51. L'invention de l'imprimerie est due à Guttemberg de Mayence.

52. Une foule d'écrivains se sont plu à recueillir tout ce que les femmes ont fait d'éclatant.

53. On ne peut se défaire de la honte que la nature a gravée en nous; si l'on veut la chasser du cœur, elle se sauve au visage.

54. Les écrivains se sont plu à combler Louis xiv de louanges pompeuses ; on les en a quelquefois blâmés ; mais Horace et Virgile en ont prodigué bien plus à Auguste , qui les avait peut-être moins méritées que Louis-le-Grand, si l'on songe aux proscriptions commandées par l'empereur romain.

55. C'est de la Grèce que la poésie a passé en Italie. Homère, le plus célèbre des poètes que les Grecs aient eus, naquit trois cent quarante ans après la prise de Troie. Sept villes se sont disputé la gloire de lui avoir donné naissance. Les savants se sont accordés à penser que c'est à Smyrne qu'il naquit.

56. Nées le plus souvent dans l'orgueil et dans l'amour de la gloire, les vertus humaines y trouvent un moment après leur tombeau ; formées par les regards publics, elles vont s'éteindre

le lendemain, comme ces feux passagers, dans le secret et dans les ténèbres; appuyées sur les circonstances, sur les occasions, sur les jugements des hommes, elles tombent sans cesse avec ces appuis fragiles.

57. Tel est l'attachement naturel des hommes pour le sol qui les a vus naître ; tel est leur mépris pour les dangers auxquels ils sont accoutumés, qu'on relève aujourd'hui les bâtiments que l'éruption du mont Etna a fait écrouler dans la Calabre, et que l'on reconstruit la ville de Catane sur les montagnes de lave qui l'avaient engloutie.

58. Je vis nos ennemis vaincus et renversés,
Sous nos coups expirants, devant vous dispersés.

59. Nos aïeux vivaient pauvres et vertueux, et mouraient dans le champ qui les avait vus naître.

60. Les mauvaises nouvelles se sont toujours répandues plus promptement que les bonnes.

61. Il en est de l'honneur comme de la neige, qui ne peut jamais reprendre son éclat ni sa pureté dès qu'elle les a perdus.

62. Forcés de quitter les marais et les rivières gelés, les hérons se tiennent sur les ruisseaux, et près des sources chaudes.

63. La conduite que j'avais supposé que vous tiendriez, vous l'avez tenue, et vous en avez été blâmé.

64. De jeunes serviteurs que son toit a vus naître
Animent la maison, et bénissent leur maître.

65. D'où vient, dis-je à Narbal, que les Phéniciens se sont rendus maîtres du commerce de toutes les nations ?

66. C'est le peu de peine que cela vous a fait, qui nous porte à croire que vous avez un mauvais cœur.

67. Monsieur, disait un délateur à Louis de Bourbon, frère de Charles V, voilà un mémoire qui vous instruira de plusieurs fautes qu'ont commises contre vous des personnes que vous avez honorées de vos bontés.—Avez-vous aussi tenu un registre des services qu'elles m'ont rendus ? répondit le prince.

68. Combien de fois a-t-elle eu lieu de remercier Dieu humblement de deux grâces : l'une de l'avoir faite chrétienne ; l'autre de l'avoir faite reine malheureuse !

69. La solitude appaise les mouvements impétueux de l'ame que le désordre du monde a fait éclater.

70. Les recherches les plus exactes sur l'origine de la peinture n'ont produit que des incertitudes. On ne sait ni les lieux où elle a pris naissance, ni les noms de ceux qui l'ont inventée. Les uns disent qu'elle a commencé à Sycione, et d'autres, à Corinthe.

71. Des officiers romains qu'Annibal avait laissés sortir sur leur parole, arrivèrent à Rome.

72. L'usage des cloches est, chez les Chinois, de la plus haute antiquité; nous n'en avons eu en France qu'au sixième siècle de notre ère.

73. Qui peut ignorer combien il est doux et glorieux de secourir l'innocence et la vertu qu'on a injustement opprimées?

74. Plus d'un siècle avant Homère, la savante Daphné s'était fait admirer à Delphes par ses poésies, qu'on accuse Homère d'avoir supprimées, après en avoir tiré le précis de l'Iliade et de l'Odyssée.

75. La sagesse divine, qui s'est jouée dans la distribution des couleurs dont elle a orné les fleurs, a mis de nouveaux agréments dans la figure qu'elle a donnée à chacune d'elles.

76. Socrate dit à celui qui lui annonça que les Athéniens l'avaient condamné à mort : La nature les y à condamnés aussi.

77. L'imprimerie, que la ville de Mayence a vue naître, a contribué infiniment aux progrès que la civilisation a faits.

78. O Télémaque, craignez de tomber entre les mains de Pygmalion, notre roi : il les a trempées, ses mains cruelles, dans le sang de Sichée, mari de Didon, sa sœur. Didon, pleine du désir de la vengeance, s'est sauvée de Tyr avec plusieurs vaisseaux. La plupart de ceux qui aiment la vertu et la liberté l'ont suivie.

Elle a fondé sur la côte d'Afrique une superbe ville qu'on nomme Carthage.

79. Rappelez-vous, Athéniens, les humiliations qu'il vous en a coûté pour vous être laissé égarer par vos orateurs.

80. Périclès ne tarda pas à éclipser la réputation qu'avaient usurpée de sots déclamateurs et d'ennuyeux sophistes.

81. Dans l'ardeur qui les dévore, leur imagination leur retrace ces ruisseaux argentés qu'ils ont vus couler au travers des gazons, ces sources qu'ils ont vues jaillir du sein d'un rocher, et serpenter dans les prairies.

82. Baléazar, en possédant les cœurs, possédait plus de trésors que son père n'en avait amassé par son avarice cruelle.

83. Ceux dont elle a présenté les vœux ou les plaintes, offrent pour elle, de tous côtés, les sacrifices de leurs larmes ou de leurs prières. Les familles qu'elle a assistées lui souhaitent incessamment le repos éternel devant Dieu. Les provinces qu'elle a autrefois édifiées par sa piété et par les aumônes qu'elle y a répandues, retentissent du bruit de ses louanges. Les prêtres offrent pour elle le sacrifice de Jésus-Christ sur les autels, et les pauvres qu'elle a secourus demandent à Dieu, pour elle, la miséricorde qu'elle leur a faite.

84. Parmi ce nombre d'hommes qui se sont

5*

mêlés de gouverner ou de bouleverser le monde, on ne fait attention qu'à ceux qui se sont illustrés par de grandes actions, et qui se sont servis des évènements, ou les ont fait naître, pour changer la face politique de l'univers.

85. Quelle est l'ame basse que cette idée n'a jamais échauffée, et qui ne s'est pas dit : Combien j'en ai déjà passé! Combien j'en puis encore atteindre!

86. Une mère ne regrette point les soins ni les peines que son enfant lui a coûtés.

87. Les anciens se sont peu occupés de physique expérimentale; cependant ils nous ont conservé un grand nombre de faits, qui ont contribué aux progrès que la science a faits dans les temps modernes.

88. Cassius, naturellement fier et impérieux, ne cherchait dans la perte de César que la vengeance de quelques injures qu'il en avait reçues.

89. Les pleurs que je lui avais coûtés semblaient avoir sillonné ses joues.

90. J'avais deux fils, ma plus belle espérance, je les ai vus mourir à mes côtés.

91. Les Numantins, qui furent instruits du peu de précautions qu'il avait pris, le poursuivirent à propos.

92. Les vengeances particulières firent alors

périr beaucoup plus de citoyens que les trium-
virs n'en avaient condamné.

93. Nous sommes trop heureux, vous, de
m'avoir procuré l'occasion de faire du bien, et
moi, de ne l'avoir pas laissée échapper.

94. Toutes les mines de diamants réunies ne
sauraient racheter un seul des instants que tu
as perdus.

95. Avec des soins on aurait sauvé cette personne, et cependant on l'a laissée mourir.

96. Que d'obstacles ces deux grands hommes
ont surmontés! que de difficultés ils ont vain-
cues! que de dangers ils ont courus! que de
nations encore barbares ils ont soumises et
civilisées! Autant de lois ils ont faites, autant
de sources de prospérités ils ont ouvertes.

97. Habitants, c'est le champ qui vous a
nourris, c'est le toit qui vous a vus naître, que
vous défendez.

98. Les embarras que j'ai su que vous aviez,
ont accéléré mon départ.

99. Son retour, et le compte que Metellus
rendit du succès de ses armes, les villes qu'il avait
prises, les provinces qu'il avait conquises, et
les batailles qu'il avait gagnées; tout cela fit
tomber et dissipa les mauvais bruits que Marius
avait répandus contre lui.

100. Que d'hommes ont vécu trop d'un
jour!

101. Nous avons arraché plus de secrets à la nature dans l'espace de cent années, que le genre humain n'en avait découvert depuis le commencement des siècles.

102. Les Américains sont des peuples nouveaux : il me semble qu'on n'en peut pas douter, lorsqu'on fait attention à leur petit nombre, à leur ignorance, et au peu de progrès que les plus civilisés d'entre eux avaient fait dans les arts.

103. Les Égyptiens ont attribué la découverte de la taille des pierres à Tosorthus, successeur de Menès, que toute l'antiquité s'est accordée à reconnaître pour le premier roi d'Égypte.

104. L'habitude que nous avons contractée de juger trop promptement, nous a fait tomber souvent dans bien des erreurs.

105. Les malheurs que le vice a souvent entraînés après soi ne devraient-ils pas servir d'exemples aux hommes ?

106. Il y a beaucoup plus de médailles frappées à la gloire des princes qui ont réparé des édifices, qu'à l'honneur de ceux qui en ont fondé de nouveaux.

107. Pygmalion ne mangeait que des fruits qu'il avait cueillis lui-même dans son jardin, ou des légumes qu'il avait semés, et qu'il avait fait cuire.

108. Les montagnes se sont élevées, et les vallons sont descendus à la place que le Seigneur leur a marquée.

109. On a eu, pour son âge et pour sa faiblesse, tous les égards qu'on a dû.

110. Que de gens ne savent pas oublier les torts qu'on a eus envers eux, ni pardonner les offenses qu'ils ont reçues!

111. L'homme n'a guère de maux que ceux qu'il s'est attirés lui-même.

112. Je ne révèle pas ici tant de grandes actions qu'elle a tâché de rendre secrètes. Je révère encore après sa mort l'humilité qui les a cachées; je les laisse sous les voiles qu'elle avait tirés pour les couvrir, et je consens qu'elles soient perdues.

113. Autant cet habile général a livré de batailles, autant il en a gagné.

114. Les princes enivrés de leur propre grandeur oublient souvent celui qui les a faits grands.

115. Il ne vous parlera point, par modestie, du peu de capacité qu'il a acquise dans les armées.

116. Quand Jugurtha eut enfermé une armée romaine, et qu'il l'eut laissée aller sous la foi d'un traité, on se servit contre lui des troupes mêmes qu'il avait sauvées.

117. Nous avons vu Charlemagne surpas-

ser les actions de ses ancêtres, et donner à la France un éclat dont ils ne l'auraient pas crue susceptible.

118. Mais que vos yeux sur moi se sont bien exercés!
Qu'ils m'ont vendu bien cher les pleurs qu'ils ont versés.

119. Le succès de cette entreprise ne produisit pas les avantages qu'on en avait espérés.

120. Les Amazones se sont rendues célèbres, dans la guerre, par leur courage.

121. L'amour d'une vaine gloire les a fait parler sans prudence.

122. Pénélope ne voyant revenir ni lui, ni moi, n'aura pu résister à tant de prétendants; son père l'aura contrainte d'accepter un nouvel époux.

123. Il ne laissa pas, en lui donnant des marques de son affection, de lui reprocher le peu de confiance qu'il avait eu en lui.

124. On ne doit jamais regretter ni le temps ni la peine qu'a coûtés une bonne action.

125. Sa vertu était aussi pure qu'on l'avait cru jusqu'alors.

126. Il est vrai qu'entraînés par le torrent, ils se trouvèrent hors de la route qu'ils avaient résolu de suivre.

127. Les serpents paraissent privés de tout moyen de se mouvoir, et uniquement destinés à vivre sur la place où le sort les a fait naître.

128. Plus il a rencontré de difficultés, plus il en a surmonté.

129. Ils poussèrent des cris de joie, en revoyant les compagnons qu'ils **avaient crus perdus.**

130. Il n'est pas de genre dans lequel **nos** poètes ne se soient essayés.

131. Ils avaient **été** les pères de leurs peuples, et les avaient **rendus** heureux pendant leur règne.

132. Les hommes que l'on a **vus** abuser des plaisirs sont ceux qui s'en sont lassés le plus facilement.

133. Autant la description qu'Homère a donnée d'Apollon surpasse les descriptions qu'en ont faites après lui les autres poètes, autant cette figure l'emporte sur toutes celles qui sont destinées à représenter ce Dieu.

134. C'est au dernier moment que toute **votre** vie s'offrira à vous sous des idées bien différentes de celles que vous en avez eues jusqu'à **aujourd'hui.**

135. O trop aveugle Calypso, tu t'es trahie toi-même : te voilà engagée, et les ondes du Styx, par lesquelles tu as juré, ne te permettent plus aucune espérance.

136. **Vous,** les maîtres des nations, **vous vous** êtes rendus les esclaves des hommes frivoles que vous avez vaincus.

137. Autant d'ennemis on lui a suscités, autant il en a vaincu.

138. Dieu, qui nous a créés pour lui, a gravé dans nos cœurs la vérité de son existence.

139. Loin des bords qui nous ont vus naître, nous ne saurions jouir d'un bonheur parfait.

140. Les hommes qui d'abord s'étaient servis de la danse dans leur culte, l'employèrent dans leurs plaisirs, et peu après l'introduisirent au théâtre.

141. Je considère qu'elle a racheté ses péchés par les aumônes qu'elle a répandues secrètement dans le sein des pauvres, et qu'elle les a expiés par une longue pénitence, qu'elle a soutenue avec beaucoup de force.

142. Toutes ces lois pourraient avoir quelques exceptions parmi nous, comme elles en ont eu chez les Grecs.

143. Il n'est pas étonnant que ces deux grands écrivains aient été exposés à l'envie, et qu'ils se soient vu préférer des concurrents dont les noms se sont ensevelis dans l'oubli.

144. Colbert eut à réparer les maux qu'avait causés le règne orageux de Louis XIII.

145. Il n'est resté de ce superbe édifice que les quatre murs, et les colonnes qui s'élèvent au milieu des décombres. La flamme a consumé le toit, et les ornements qui décoraient la nef. On commence à le rétablir. Tous les citoyens y ont contribué; les femmes ont sacrifié leurs bijoux. Les parties dégradées par le feu seront

restaurées; celles qu'il a détruites reparaîtront avec plus de magnificence.

146. Que d'attentions et d'honneurs de beaux habits nous ont souvent valus.

147. La nature s'est montrée une mère bienfaisante ; elle a prodigué à ses enfants des biens précieux, dont ils ont abusé.

148. Le peu de modération que ces deux hommes ont montré dans la prospérité les a fait passer pour orgueilleux et insensés.

149. Nous ne tardâmes pas à comprendre que la menace des ennemis était plus sérieuse que nous ne l'avions pensé.

150. Oui, c'est moi qui voudrais effacer de ma vie
Les jours que j'ai vécu sans vous avoir servie.

151. Si les odeurs attirent chs en également l'attention, elles se conserveront dans la mémoire, suivant l'ordre où elles se sont succédé.

152. Les trois qu'aura d'abord couronnés la victoire,
Auront leur prix à part, aussi bien que leur gloire.

153. Combien de fois l'ignorance ne s'est-elle pas applaudie de ses propres erreurs !

154. Tout le monde m'a offert des services, et personne ne m'en a rendu.

155. Le nom de Bossuet rappelle un de ces hommes rares que le siècle de Louis xiv a réunis dans le vaste domaine de la gloire.

156. Cette illustre princesse ne s'est point laissée aller aux injustices, comme tant de rois

que l'on avait vus se succéder sur le même trône.

157. Villars disait souvent que les deux plaisirs les plus vifs qu'il eût ressentis dans sa vie, avaient été le premier prix qu'il avait obtenu au collége, et la première victoire qu'il avait remportée sur l'ennemi.

158. L'adulateur, en prêtant aux grands les qualités qui leur manquent, leur fait perdre celles que la nature leur a données.

159. Le hasard les ayant fait naître dans le même mois, tous les deux moururent presque au même âge.

160. Ne faites rien qui ne soit digne des maximes de vertu que j'ai tâché de vous inpirer.

161. Combien d'ames timides cette vertueuse princesse n'a-t-elle pas encouragées par sa profession publique de dévotion, et par les marques visibles de la miséricorde de Dieu sur elle ! Combien de fausses vertus n'a-t-elle pas redressées par les règles qu'elle a prescrites à la sienne ! Combien de désordres n'a-t-elle pas arrêtés par la persuasion de son exemple !

162. De tous les spectacles que l'industrie humaine a donnés au monde, il n'en est peut-être pas de plus admirable que la navigation.

163. Les hommes qui se sont rendus les plus dignes des regards de la postérité, sont ceux

qui ont fait le plus de bien au genre humain.

164. Elle s'est vue renaître dans ce prince, qui fait vos plus chères délices et les nôtres.

165. Timoléon ne se vit pas plus tôt maître de Syracuse, qu'il fit revenir les habitants que la cruauté du tyran avait forcés de s'exiler.

166. Triomphez, hommes lâches et cruels : votre victoire est plus étonnante que vous ne l'aviez imaginé.

167. Par les ordres du général, dont la sagesse a tout prévu, des cavaliers se sont répandus dans la campagne, et ont examiné le pays.

168. Pierre-le-Grand fut regretté en Russie de tous ceux qu'il avait formés, et la génération qui suivit celle des partisans des anciennes mœurs, le regarda bientôt comme son père, et un des plus grands hommes que l'Europe ait vus naître.

169. Télémaque, secrètement animé par Minerve, entre sans crainte dans ce gouffre. D'abord il aperçut un grand nombre d'hommes qui avaient vécu dans les plus basses conditions, et qui étaient punis pour avoir recherché les richesses par des fraudes, des trahisons et des cruautés.

170. Louis XII, un des meilleurs rois que la France ait eus, fut accusé d'avarice, parce qu'il

n'avait pas foulé les peuples pour enrichir des favoris.

171. Les choses long-temps désirées sont presque toujours au-dessous de l'idée qu'on s'en était formée.

172. Je lui ai lu mon épître très-posément, jetant dans ma lecture toute la force et tout l'agrément que j'ai pu.

173. Ses maladies lui ôtèrent la consolation qu'elle avait tant désirée d'accomplir ses premiers desseins.

174. Les motifs qui ne déshonorent que la personne ne doivent pas ternir des succès qui ont honoré la patrie.

175. Dès que cette nouvelle se fut répandue, les Romains, qui s'étaient réfugiés à Veies, et tous ceux qui s'étaient dispersés dans les villages voisins, s'assemblèrent, et, lorsqu'ils se furent choisi un chef, ils marchèrent contre les ennemis.

176. Ne faites point d'amis légèrement, et conservez ceux que vous avez faits.

177. Les grandes entreprises faites à contre-temps, n'ont presque jamais réussi, de même que les semences ne poussent point, quand elles ont été jetées en terre hors de saison.

178. Le café, originaire de l'Arabie, est une des plantes dont la culture est la plus répandue en Amérique. Quelques pieds de cet

arbrisseau, ayant été transportés à Paris, y furent cultivés avec soin dans des serres; et c'est de cette ville que sont provenues toutes les plantations que l'on en a faites dans le nouveau monde.

179. Des collines qu'Alonzo avait vues s'arrondir sous leur verdoyante parure, entr'ouvertes en précipices, lui montraient leurs flancs déchirés.

180. Combien en a-t-on vu, je dis des plus huppés,
  A souffler dans leurs doigts dans ma cour occupés.

181. Depuis la décadence de la famille de Charlemagne, la France avait langui plus ou moins dans cette faiblesse, parce qu'elle n'avait presque jamais joui d'un bon gouvernement.

182. Tout est pénible pour les hommes que la mollesse a nourris.

183. Une société d'athées peut-elle subsister? A cette question que l'on a souvent agitée, je répondrai par cette autre : une poignée de sable qui n'est unie par aucun ciment, peut-elle être dispersée par un ouragan?

184. Je suppose un château qui domine sur une campagne vaste, fertile, où la nature s'est plu à répandre la variété.

185. Artémise n'a survécu que deux ans à Mausole, son époux.

186. Il a été heureux pour certaines personnes d'être abandonnées de leurs proches; c'est

par-là qu'a commencé la chaîne d'évènements qui les a conduites à la fortune.

187. Nous lui avons donné tous les secours
que nous avons dû.

188. La plupart de ceux qui ont cru qu'une
intrigue froide pourrait soutenir leurs pièces,
les ont vues tomber.

189. J'avoue, reprit Mentor, qu'il a fait de
grandes fautes; mais cherchez dans la Grèce,
et dans tous les autres pays les mieux policés,
un roi qui n'en ait pas fait d'inexcusables.

190. Dans tous les lieux de la terre où les
hommes ont fouillé, depuis le sommet des
montagnes jusqu'à de grandes profondeurs,
ils ont découvert toutes sortes de productions
marines, médailles incontestables et toujours
subsistantes de la plus terrible révolution qu'ait
essuyée la terre.

191. Les Dieux dont ils s'étaient joués, et
qu'ils avaient rendus méprisables aux hommes,
se sont plu à leur susciter des ennemis.

192. Le fils d'Ulysse comprit la faute qu'il
avait faite d'attaquer ainsi le frère d'un des rois
alliés.

193. Les grands hommes qui ont paru dans
chaque âge, sont les seuls qui aient résisté au
torrent des siècles.

194. De tout temps la malignité s'est applaudie des maux qu'elle a causés.

195. Les anciens ont représenté la nature comme une divinité qu'ils ont faite mère, femme ou fille de Jupiter.

196. Nous demandons que tu pardonnes à ceux que tu as résolu de faire mourir.

197. La nature a toujours porté les hommes vers les choses qui leur ont plu, et les a éloignés de celles qui leur ont nui.

198. Le souvenir des soins rendus à ceux qu'on aime, est la seule consolation qui reste quand on les a perdus.

199. L'habitude que nous avons prise de nous forger des fantômes de plaisir ou de douleur, s'est toujours opposée à notre félicité.

200. Appelés à rendre les peuples heureux, les monarques doivent être justes et bienfaisants comme l'Être éternel qui les a faits rois.

201. La langue latine ne fut perfectionnée qu'à l'époque où florissaient Antoine, Crassus, Sulpitius, que nous avons vus jouer un grand rôle dans les dialogues de Cicéron sur l'orateur.

202. Alexandre-le-Grand prenait plaisir à replacer sur le trône les princes qu'il en avait renversés.

203. La nature s'est montrée sévère à l'égard de plusieurs peuples, comme envers beaucoup d'individus.

204. Ce ne sont pas les victoires toutes

seules de David qui l'ont rendu le modèle des rois ses successeurs : Saül en avait remporté comme lui sur les Philistins et sur les Amalécites.

205. Il n'est que trop vrai qu'il est dans le cœur humain de haïr ceux qu'on a offensés.

206. La surface de la mer paraît, dans la succession des siècles, s'être abaissée en certains endroits, et élevée en d'autres ; ce qui annonce que les eaux se sont déplacées.

207. Les plus brillantes réputations ne valent jamais tous les sacrifices qu'elles ont coûtés : Charles-Quint soupirait après la retraite ; Ovide souhaitait d'être un sot.

208. Manlius se découvrit la poitrine, qu'il fit voir toute couverte de cicatrices que lui avaient laissées les blessures qu'il avait reçues.

209. La première architecture fut sans doute très-grossière ; mais, les peuples s'étant policés, on songea à orner, et à embellir les édifices.

210. Que ses douleurs l'ont rendue savante dans la science de l'Évangile !

211. Y a-t-il rien de comparable à l'attachement du chien pour la personne de son maître ? combien n'en a-t-on pas vu mourir sur le tombeau qui la renfermait !

212. Une des qualités qui sont rarement réunies chez les hommes, c'est une ferme volonté

d'exécuter les choses qu'ils ont conçues, et de renverser tous les obstacles que le hasard ou une autre cause a rassemblés.

213. Malheur aux hommes durs et impitoyables que les infortunes des autres n'ont jamais attendris !

214. Voilà les vérités que j'ai crues dignes d'être connues des hommes.

215. Confucius, en parlant des hommes, a dit : j'en ai vu qui étaient peu propres aux sciences; mais je n'en ai point vu qui fussent incapables de vertus.

216. Il s'est trouvé des hommes que la force de leur génie a rendus habiles dans des genres opposés.

217. Elle a obtenu toutes les grâces qu'elle a voulu.

218. Le même courage et les mêmes périls les ont rendus égaux.

219. Le czar Pierre faisait partir des artisans de toute espèce pour Moscou, et n'envoyait que ceux qu'il avait vus travailler lui-même.

220. Quels héros la vertu n'a-t-elle pas formés !

221. Les Perses, adorateurs du soleil, ne souffraient point les idoles, ni les rois qu'on avait faits dieux.

222. Milton est un des plus grands génies qui aient existé.

6

223. Généreux guerrier, seul digne de commander à tant de fameux héros qui doivent à ta valeur et à ta sagesse les palmes qu'ils ont cueillies, même avant qu'ils fussent réunis sous tes ordres; ta gloire ne finira point aux colonnes d'Hercule : déjà elle a retenti parmi nous, et la renommée a rempli l'Asie tout entière du récit des exploits qui ont illustré tes armes.

224. Ce qui consterna le plus Télémaque, ce fut de voir dans cet abîme de ténèbres et de maux un grand nombre de rois qui avaient passé sur la terre pour des rois assez bons : ils avaient été condamnés aux peines du Tartare, pour s'être laissé gouverner par des hommes méchants et artificieux. Ils étaient punis pour les maux qu'ils avaient laissé faire par leur autorité. La plupart de ces rois n'avaient été ni bons ni méchants, tant leur faiblesse avait été grande. Ils n'avaient jamais craint de ne point connaître la vérité; ils n'avaient point eu le goût de la vertu, et n'avaient point mis leur plaisir à faire du bien.

225. Villes que nos ennemis s'étaient déjà partagées, vous êtes encore dans l'enceinte de notre empire; provinces qu'ils avaient déjà ravagées dans le désir et la pensée, vous avez encore recueilli vos moissons; vous durez encore, places que l'art ou la nature a fortifiées, et qu'ils avaient dessein de démolir; et vous n'a-

vez tremblé que sous les projets frivoles d'un vainqueur, qui comptait le nombre de nos soldats, et qui ne songeait pas à la sagesse que leur capitaine a montrée.

226. Adieu, paisible et heureuse contrée, que ses habitants n'ont jamais laissé envahir impunément ; adieu, fertiles collines, que j'ai vues tant de fois s'embellir aux rayons de l'astre du jour, et que j'ai entendu chanter par l'immortel auteur d'Abel, digne rival de Florian ; adieu, aimables enfants, auprès desquels nous avons éprouvé de si douces jouissances, et que, comme de jeunes plantes aimées du ciel, nous avons vus s'élever par les tendres soins d'un vénérable patriarche, d'un Dieu sur la terre ; adieu, terribles avalanches, que j'ai entendues s'écrouler avec fracas ; et vous, précipices affreux, qui cent fois nous avez menacés de nous engloutir ; vous nous effrayez moins que les dangers toujours renaissants auxquels nous allons être exposés dans le tourbillon du monde.

CHAPITRE XX.

EXERCICES

SUR L'EMPLOI DES ADVERBES.

(*V.* Gramm., p. 167 et suiv.)

1. On doit se consoler de vieillir, pourvu qu'on possède une ame saîne dans un corps sain.

2.　　　　　Les lettres anonymes
Sont ordinairement les armes d'un méchant,
Du plus vil assassin qui frappe en se cachant
Sous le masque épais de sa bassesse extrême.

3. La grêle n'est autre chose que de la pluie qui est cristallisée par le froid, avant d'arriver sur la terre.

4. Rassemblez une foule d'amusements autour de vous; à moins que la raison ne les approuve, il s'y mêlera une amertume qui les empoisonnera.

5. On ne peut être capable de vertu qu'en estimant quelque chose plus que la vie.

6. Le titre de bon est le premier des titres; c'est celui qui honore le plus la divinité; et l'homme reconnaissant le lui défère avant tout autre.

7. Le goût est plutôt un don de la nature qu'une acquisition de l'art.

8. La modestie suppose le mérite et le fait plus tôt remarquer.

9. Il n'est rien que l'homme donne aussi libéralement que les conseils.

10. L'histoire n'est pleine que de révolutions aussi subites que bizarres.

11. Rien de plus aisé que de se venger d'une offense; rien d'aussi grand que de la pardonner : c'est la plus belle victoire qu'on puisse remporter sur soi-même.

12. Un doux sommeil enchaînait mes sens, quand tout à coup je crus voir Vénus, qui fendait les nues dans son char conduit par deux colombes.

13. Il semble que la nature n'ait placé la folie si près du génie, que pour nous montrer combien est fragile et périssable ce que nous estimons le plus.

14. Nous remettons presque toujours au lendemain ce que nous devrions faire tout de suite, et la mort nous surprend sans que nous ayons pu effectuer notre promesse.

15. C'est une injustice de reprocher à un homme des principes qu'il désavoue formellement, à moins que sa conduite ne démente ouvertement son désaveu.

16. Il faut user de tout avec modération, de peur que la privation n'en soit trop sensible.

17. La joie de faire du bien est tout autrement douce, que ne l'est celle de le recevoir.

18. Les talents tiennent plus aux circonstances qu'on ne le croit, parce qu'elles en déterminent l'essor.

19. Tant était grande l'habitude que j'avais d'être flatté, que je craignais que la vérité ne perçât le nuage qui m'entourait, et ne parvînt jusqu'à moi.

20. Le flatteur qui ne cherche qu'à nous plaire, n'est pas moins dangereux que l'est l'ennemi qui veut nous perdre.

21. On ne peut nier qu'un homme n'apprenne bien des choses quand il voyage, et qu'il étudie sérieusement les mœurs des peuples.

22. Les préjugés naissent, croissent insensiblement, et s'établissent, sans qu'on en ait aperçu les progrès.

23. Il y a pour l'homme de bien une sorte de pudeur à baisser la vue, pour ne rencontrer ni les faiblesses du génie, ni les fautes de la vertu.

24. L'homme vain méprise les talents qu'il n'a pas; et s'il n'en a aucun, il les méprise tous.

25. La durée des ressentiments qui n'ont d'autre cause que l'amour-propre blessé, est un signe de faiblesse.

26. Quoique, chez les anciens, les manus-

crits fussent fort rares et fort chers, cela n'empêchait pas qu'il n'y eût des bibliothèques immenses.

27. Nous portons tous, en nous, des principes naturels d'équité, de pudeur et de droiture.

28. Il se répand autour du trône un certain nuage de grandeur qui empêche souvent que la vérité ne parvienne jusqu'aux princes.

29. Il faut rire avant d'être heureux, de peur de mourir avant d'avoir ri.

30. La Fortune est si légère qu'elle abandonne quelquefois tout à coup ceux - mêmes qu'elle a le plus favorisés.

31. Il est aussi facile de se tromper soi-même, qu'il est difficile de tromper les autres sans qu'ils s'en aperçoivent.

32. Il semble qu'il suffise de pouvoir tout, pour n'être touché de rien.

33. Une noble pudeur à tout ce que vous faites,
     Donne un prix que n'ont ni la pourpre ni l'or.

34. L'œil appartient à l'ame plutôt que tout autre organe : il en exprime les émotions les plus vives, comme les mouvements les plus doux.

35. On n'est jamais aussi aisément trompé que lorsqu'on songe à tromper les autres.

36. Dans le palais des rois Égyptiens, aucun faste n'insultait à la condition des sujets, ni n'inspirait d'orgueil au maître.

37. François 1ᵉʳ, en abandonnant ses prétentions sur le Milanais, eût embelli, policé, éclairé son royaume bien plus qu'il ne le fit dans les derniers temps de sa vie.

38. Les enfants n'ont ni passé ni avenir, et, ce qui ne nous arrive guère, ils jouissent du présent.

39. Les naturalistes ne doutent pas que les poissons n'entendent, quoiqu'ils n'aient remarqué chez ces animaux aucun organe propre à recevoir le son.

40. Avant d'avoir embrassé le christianisme, la nation française choisissait, pour enterrer ses rois, un champ fameux par une victoire.

41. Est-il rien qui aveugle autant l'homme que la vanité?

42. Avec une éducation mieux raisonnée, les hommes acquerraient une très-grande quantité de vérités avec plus de facilité qu'ils ne reçoivent un petit nombre d'erreurs.

43. L'ambitieux est moins flatté de laisser tant d'hommes derrière lui, qu'il n'est fâché d'en voir qui le précèdent.

44. La même puissance qui multiplie les adulateurs autour des grands, y rend aussi les amis plus rares.

45. Combien d'hommes n'a-t-on pas vus faire échouer des entreprises glorieuses à la patrie,

de peur que la gloire n'en rejaillît sur leurs rivaux.

46. Heureux les princes et les peuples dont les lois sont assez sages pour ne laisser aux méchants ni excuse, ni prétexte.

47. Il est aussi impossible à l'homme de comprendre comment deux corps agissent l'un sur l'autre, que de concevoir comment le corps agit sur l'ame, et l'ame sur le corps.

48. Un prince avare ne fait de bien à personne ; un prince prodigue n'en fait d'ordinaire qu'aux méchants.

49. Les planètes sont des corps opaques qui tournent autour du soleil, d'où elles tirent la lumière et la chaleur.

50. Quand le malheur nous ouvre les yeux, nous repassons avec amertume sur tous nos faux pas.

51. S'est-il passé un seul jour sans que Dieu nous ait donné une leçon par quelqu'un de ses grands exemples ?

52. Que ceux qui combattent la religion apprennent ce qu'elle est avant de la combattre.

53. Il est des cœurs endurcis, devenus par là incapables de toute instruction, qu'aucun motif ne saurait émouvoir, qu'aucune vérité ne peut réveiller de leur assoupissement.

6*

54. La beauté bien souvent plaît moins que les manières ne nous charment.

55. Il ne faut pas moins de grandeur d'ame pour ne pas se laisser corrompre par la bonne fortune qu'il en faut pour supporter la mauvaise.

56. Trop souvent nous fermons les yeux aux beautés que la nature répand autour de nous.

57. Rien n'approche plus un mortel de la Divinité que la bienfaisance.

58. Le soleil ne doit jamais se coucher sur notre colère.

59. Le capitaine n'est pas accompli, à moins qu'il ne renferme en lui l'homme de bien et l'homme sage.

60. Les conquêtes font plus d'ennemis, qu'elles ne donnent de sujets.

61. La vérité ne fait pas autant de bien dans le monde que ses apparences y font de mal.

62. L'homme qui n'est sensible qu'aux maux qu'il souffre, a le cœur dur; et s'il ne peut s'imposer aucune privation, il a l'ame basse.

63. Il a été donné aux Chinois de commencer en tout, plus tôt que les autres peuples, pour ne faire ensuite aucuns progrès.

64. Toute nation est faible, à moins qu'elle ne soit unie.

65. Il est aussi facile d'être honnête homme que de le paraître.

66. Ceux qui nuisent à la réputation ou à la fortune des autres, plutôt que de perdre un bon mot, méritent une peine infamante.

CHAPITRE XXI.

EXERCICES

SUR L'EMPLOI DES PRÉPOSITIONS.

(*V*. Grammaire, p. 170 et suiv.)

1. HEUREUSE l'ame qui, remontant à son origine, passe à travers les choses créées sans s'y arrêter !

2. L'homme en mourant est séparé de ces richesses, de ces dignités, de ces honneurs qui semblaient annoncer une vie immortelle, et où il n'était souvent parvenu qu'au travers de tant de périls, de peines et de blessures.

3. Saint Louis porta ses armes redoutées à travers les espaces immenses de la mer et de la terre.

4. On accompagne la miséricorde de tant de dureté envers les malheureux, qu'un refus serait moins accablant pour eux qu'une charité si sèche et si cruelle.

5. Jetez les yeux sur toutes les nations du monde, parmi tant de peuples différents, pour les mœurs et pour le caractère, vous trouverez partout les mêmes principes de morale, partout les mêmes notions du bien et du mal.

6. Voici trois choses qu'on peut regarder comme le mobile des actions des hommes : l'intérêt, le plaisir et la gloire.

7. Ne témoigner jamais d'humeur à ceux avec qui l'on vit, se prêter à leurs goûts, ne les point contrarier, ne se préférer à personne : voilà le vrai moyen de mériter des éloges sans avoir d'envieux.

8. Nous devons apprendre à subjuguer nos passions, à vaincre nos désirs, et à supporter avec courage les plus cruelles disgrâces.

9. Il semblait que la nature se fût plu à réunir dans Alcibiade tout ce qu'elle peut produire de plus fort en vices et en vertus.

10. La patrie a des droits sur vos talents, sur vos vertus, et sur toutes vos actions.

11. L'empereur Marc-Aurèle fut le dernier de cette secte stoïque qui élevait l'homme au dessus de lui-même, en le rendant dur pour lui seulement, et compatissant envers les autres.

12. Le génie et la vertu marchent au travers des obstacles.

13. Sabacon se distingua parmi tous les rois

d'Égypte par sa piété, et par la douceur de son règne.

14. A travers les périls un grand cœur se fait jour.

15. Que les flatteurs sont désintéressés ! ils souhaitent tous les biens à ceux auprès de qui l'ambition les retient, excepté le bon sens et la prudence.

16. Voilà un fâcheux accident pour mes créanciers, disait un officier gascon, qui venait de recevoir une balle à travers le corps.

17. Parmi les qualités du cœur,
    Il n'en est point qui fasse honneur,
    Si l'on n'y joint la modestie.

18. Cette immortalité si vantée, et qu'un grand nombre d'hommes recherchent avec tant d'avidité, sera ensevelie dans les ruines et les débris de l'univers.

19. Soyez prodigue à l'égard des malheureux, économe chez vous, et fidèle envers vos amis.

20. Les uns passent toute leur vie dans l'oisiveté et la paresse, inutiles à la patrie et à eux-mêmes ; les autres, dans le tumulte et l'agitation des affaires et des occupations humaines.

21. Voici trois choses que nous devons consulter dans toutes nos actions : le juste, l'honnête et l'utile.

22. Cet art que Corneille avait établi sur l'admiration et sur une nature quelquefois trop

idéale, Racine le fonda sur une nature vraie, et sur la connaissance du cœur humain.

23. .... Parmi nos ennemis,
Les plus à craindre sont souvent les plus petits.

24. Que les hommes élevés au premier rang sont à plaindre ! souvent le flatteur et l'hypocrite prennent auprès d'eux la place de l'homme de bien.

Heureux le mortel qui peut découvrir la vérité à travers les voiles du mensonge et de l'imposture, dont la cupidité humaine la couvre !

25. Quatre-vingt-dix ans passés au milieu des prospérités, quand il n'en faudrait retrancher ni l'enfance, où l'homme ne se connaît pas, ni les maladies, où l'on ne vit pas, ni tout le temps dont on a toujours tant de sujet de se repentir, paraîtraient-ils quelque chose à la vue de l'éternité ?

CHAPITRE XXII.

EXERCICES

SUR L'EMPLOI DES CONJONCTIONS.

(*V*. Gramm., p. 172 et suiv.)

1. Nous ne savons comment se forment les désirs de notre ame, ni comment elle peut se donner à elle-même ses idées et ses images.

2. Le langage du cœur et de la vérité ne ressemble pas à l'erreur, ni à la vanité des adulateurs.

3. Choisis pour ton ami l'homme que tu connais le plus vertueux ; ne résiste pas à la douceur de ses conseils, ni à la force de ses exemples.

4. Sans expérience et sans réflexion, on reste dans une enfance perpétuelle.

5. Les hommes ne sont inconséquents dans leurs actions que parce qu'ils sont inconstants dans leurs principes.

6. Par ce qu'il a fait pour la prospérité et la gloire de son royaume, on jugera toujours que Henri IV a été le père de ses sujets.

7. Moins les hommes sont civilisés, plus il est aisé de les tromper.

8. Quand d'honnêtes gens sont dans le besoin, c'est le moment de faire provision d'amis.

9. Quand verrai-je, ô Sion, relever tes remparts,
   Et de tes tours les magnifiques faîtes ?
   Quand verrai-je de toutes parts
   Tes peuples enchantés accourir à tes fêtes ?

10. Quant à la cour de Louis xiv, et à son royaume, les esprits fins y apercevaient déjà un changement que les esprits grossiers ne voient que quand la décadence est arrivée.

11. Un homme bienfaisant ressemble au soleil, qui ne trafique point de sa lumière, qui l'épanche sans ambition ni avarice, et qui n'a jamais rien exigé des astres ni de la terre, depuis qu'il la leur donne.

12. Les sciences et les arts ont éclairé et consolé la terre, pendant que les guerres la désolaient.

13. Ce ne sont point les statues ni les inscriptions qui immortalisent : elles deviennent le triste jouet des vicissitudes humaines.

14. Il ne faut pas juger d'un homme par ce qu'il ignore, mais par ce qu'il sait.

15. Patience et longueur de temps
   Font plus que force et que rage.

16. Il n'est rien que les hommes aiment mieux conserver, ni qu'ils ménagent moins que leur propre vie.

17. Plus l'orgueil est excessif, plus l'humiliation est amère.

18. Rien ne peut enfler ni éblouir les grandes ames, parce que rien n'est plus haut
qu'elles.

19. On parle peu, quand la vanité ne fait
pas parler.

20. ...Jamais, quoi qu'il fasse, un mortel ici bas
Ne peut aux yeux du monde être ce qu'il n'est pas.

21. Quoiqu'il n'y ait rien d'aussi naturel à
l'homme que d'aimer et de connaître la vérité,
il n'y a rien qu'il aime ni qu'il cherche moins
à connaître.

22. Parmi tous les ennemis des Romains, il
n'en fut point de plus terrible ni de plus im-
placable qu'Annibal.

23. La simplicité plaît sans étude et sans
art.

24. On peut dire généralement que plus les
hommes sont sages, plus ils sont estimés;
et que plus ils sont vertueux, plus ils sont
indulgents pour les défauts d'autrui.

25. L'envie sent le prix du mérite, quoiqu'elle s'efforce de l'avilir.

26. Pendant qu'on est dans la prospérité,
il faut se préparer à l'adversité !

27. Au commencement du règne de Philippe Auguste, on ne connaissait pas l'usage
du deuil en France, ni dans les royaumes voisins.

28. Il nous est difficile de nous connaître,

parce que nous ne sommes presque jamais semblables à nous-mêmes.

29. Plus l'offense est grande, plus le pardon couvre de gloire.

3o. Il n'y a pas de chemin trop long à qui marche avec lenteur et sans se presser.

31. Sans la langue, en un mot, l'auteur le plus divin
Est toujours, quoi qu'il fasse, un méchant écrivain.

32. Les peines réelles que la sensibilité cause quelquefois, sont généralement balancées par des sensations agréables, qui ne sont pas moins douces ni moins consolantes, quoiqu'elles ne causent pas les transports d'une folle joie.

33. Pendant que l'innocence veille et dort en paix, le crime ne veille, et ne dort que dans le tourment.

34. Il y a dans certaines personnes un esprit éblouissant qui impose, et qu'on n'estime que parce qu'il n'est pas approfondi.

CHAPITRE XXIII.

EXERCICES

SUR LES PRINCIPALES DIFFICULTÉS DÉSIGNÉES SOUS LE NOM D'OBSERVATIONS PARTICULIÈRES.

(*V*. Gammaire., p. 180 et suiv.)

1. La présence d'un homme qui a fait de grandes actions impose plus que les discours les plus éloquents.

2. On se rappelle le plaisir avec regret, et le bonheur avec attendrissement.

3. On s'imagine toujours qu'on a plus de mérite et de perfection qu'on n'en a en effet.

4. Devant tout à lui-même, l'homme d'un véritable mérite n'emprunte rien de l'appareil ni du dehors.

5. Elle voyait dans l'illustration de ses ancêtres, non pas ce qui l'ennoblissait devant les hommes, mais ce qui pouvait la sanctifier devant Dieu.

6. On peut dire qu'un égoïste n'a pas de vertus ; et pourquoi en aurait-il ? puisqu'elles ne lui serviraient de rien.

7. Les télescopes ont beaucoup aidé les astronomes dans les découvertes qu'ils ont faites.

8. L'honnête homme ne porte envie à personne, mais il envie l'avantage qu'ont les riches de pouvoir faire des heureux.

9. On est bien près d'être vicieux, lorsqu'on est faible.

10. On ne se rappelle le règne d'un bon prince que pour le bénir.

11. On craint la vieillesse, qu'on n'est pas sûr de pouvoir atteindre.

12. La vivacité d'esprit se trouve rarement unie à un jugement sain ; et c'est pour cette raison que ceux qui parlent le plus facilement ne sont pas toujours ceux qui ont le plus de bon sens.

13. La nature fait naître dans tous les pays des esprits et des courages élevés ; mais il faut lui aider à les former.

14. Ne mêlons pas de faiblesse aux actions qui demandent le plus grand courage.

15. La diction dépend de la grammaire, témoin les beaux vers de Corneille.

16. Quelle félicité pour le souverain de regarder ses sujets comme ses enfants ! La gloire des conquêtes a-t-elle rien qui égale ce plaisir ?

17. Rome, près de succomber, se soutint principalement, durant ses malheurs, par la constance et par la sagesse du sénat.

18. Heureux celui qui sait mêler les plaisirs aux affaires sans que celles-ci en souffrent !

19. On vit saint Louis suppléer, par sa vertu, à l'inégalité du nombre, et soutenir lui seul le poids de l'armée.

20. Celui qui a reçu des services doit se les rappeler, et celui qui les a rendus doit les oublier.

21. Sans doute Socrate eût mieux fait, en s'échappant de sa prison, d'épargner à ses juges le crime de sa mort.

22. Les princes ne sont guère traités avec franchise que lorsqu'ils apprennent à monter à cheval; cet animal, qui ne sait pas dissimuler, jette à terre un empereur aussi bien qu'un palfrenier.

23. .... Vous pouvez, sans rougir,
Suivre mon exemple, à mes lois obéir.

24. Il y a une manière de faire des grâces qui est comme un second bienfait.

25. On ne connaît l'importance d'une action que quand on est près de l'exécuter.

26. La plupart des écrivains polémiques s'imaginent avoir bien humilié leurs adversaires, lorsqu'ils leur ont dit beaucoup d'injures.

27. Les règles ne peuvent suppléer au génie; mais elles le guident et l'éclairent dans sa marche.

28. Je doute que tous les divers genres de gloire puissent atteindre à ce degré de grandeur où la religion élève l'homme de bien.

29. Un jeune libertin, voyant un vieil ermite passer près de lui nu-pieds, lui dit : « Mon père, vous êtes dans un triste état, s'il n'y a pas un autre monde. Cela est vrai, mon fils, répondit l'ermite en le regardant sévèrement ; mais quel sera le tien, s'il y en a un ? »

30. Pliez votre humeur dès la jeunesse, et vous épargnerez bien des chagrins aux autres et à vous-même.

31. Quand il ne faut être grand que dans certains moments, la nature ramasse ses forces, et l'orgueil peut, pour un peu de temps, suppléer à la vertu.

32. Quoique nés fiers et orgueilleux, on les voit, l'air timide et soumis, essuyer les caprices de ceux qui peuvent contribuer à leur élévation.

33. Le cœur voudrait toujours ennoblir ce qu'il aime.

34. Ils étaient si serrés les uns contre les autres qu'ils ne pouvaient lancer leurs javelots ; et, s'ils en lançaient quelques-uns, ils se rencontraient et s'entre-choquaient, de sorte que la plupart tombaient à terre sans effet.

35. Je pourrais vous faire observer qu'elle connaissait si bien la beauté des ouvrages d'esprit, que l'on croyait avoir à atteint à la perfection, quand on avait su plaire à Madame.

36. Alexandre était encore fort jeune lorsqu'il s'écria, en regardant une statue d'Achille : O Achille, que tu es heureux d'avoir eu un

ami fidèle pendant ta vie, et un poète comme
Homère après ta mort!

37. J'épargne à sa vertu d'éternels déplaisirs.

38. On s'imagine avoir quelque jour le temps
de penser à la mort, et l'on passe sa vie sans
y penser.

39. L'amour-propre est partout; il vit de
tout, il ne vit de rien.

40. L'avare met son bonheur et sa gloire à
grossir un trésor qui ne lui sert de rien.

41. Tout ce qui saisit l'imagination des hommes par quelque grandeur, leur impose.

42. Quelqu'un faisait observer à Voltaire
qu'un fait n'était pas tel qu'il l'avait raconté :
Je le sais bien, dit-il ; mais avouez qu'il est
mieux comme je le raconte.

43. En écoutant les louanges que son mérite lui attire, une personne bien née n'a l'air
ni fier, ni trop étonné.

44. Pascal était célèbre dans les sciences
avant qu'il eût atteint l'âge de raison.

45. Il y a deux choses qu'on ne saurait regarder en face : le soleil et la mort.

46. Il faut chercher des tours qui ennoblis-
sent les idées, quand elles sont dépourvues
d'une certaine grandeur.

47. Les bons exemples ont cet avantage qu'ils
se répandent comme un parfum sur tous ceux

qui en sont spectateurs, et qu'ils sont une instruction vivante pour ceux qui veulent les suivre.

48. L'avarice, l'intérêt, l'amour-propre, la vanité, le plaisir, ces sources empoisonnées de toutes les actions des hommes, n'ont jamais infecté le cœur de Turenne.

49. Épargnez à mou cœur cet éclaircissement.

50. Il est difficile de joindre le style simple au sublime, sans tomber dans le style bas ou dans le gigantesque..

51. Un flatteur assurait à Alexandre que Jupiter lui avait donné la vie.

52. A la gloire et à la grandeur qui occupèrent les premières années de son règne, Louis XIV voulut unir les douceurs de l'amitié.

53. La véritable piété élève l'esprit, ennoblit le cœur, affermit le courage.

54. Le sage regarde sans envie ce qu'il ne peut souhaiter sans extravagance.

55. Les exemples sont quelquefois une règle dangereuse pour ceux qui les suivent aveuglément.

56. L'eau est une des plus grandes forces mouvantes que l'homme puisse employer, pour suppléer à ce qui lui manque dans les arts les plus nécessaires, par la petitesse et par la faiblesse de son corps.

57. Rappelez-vous les Charlemagne et les

saint Louis, qui ajouterent à l'éclat de leur couronne l'éclat immortel de la justice et de la piété.

58. Avant Louis xiv, les grands chemins n'étaient ni réparés, ni gardés ; les brigands les infestaient ; les rues de Paris , étroites, mal pavées, et couvertes d'immondices, étaient remplies de voleurs.

59. Il y a une grandeur naturelle à laquelle l'art ne saurait atteindre.

60. Claude fut un des empereurs romains qui furent les plus méprisables : sous son règne, on fit mourir trente sénateurs, et plus de trois cents chevaliers.

61. La raison veut qu'on supporte patiemment l'adversité, et qu'on n'en aggrave point le poids par des plaintes qui ne serviraient de rien.

7

CHAPITRE XXIV.

RÉCAPITULATION GÉNÉRALE.

1. La crainte de faire des ingrats, ou le déplaisir d'en avoir trouvé, ne doit pas nous empêcher de faire du bien.

2. L'homme égoïste se fait le centre de tout ; il voudrait dominer sur tout, et que toutes les créatures ne fussent occupées qu'à le contenter, à le louer et à l'admirer.

3. La bienfaisance est un excellent fonds qui rapporte toujours beaucoup plus qu'il ne coûte.

4. Socrate a prouvé mieux qu'aucun philosophe de l'antiquité, ce que peut la force d'ame ou la raison unie à un esprit supérieur.

5. C'est des climats excessifs que l'on tire les drogues, les parfums, les poisons, et toutes les plantes dont les qualités sont excessives.

6. Notre élévation ne doit pas nous faire oublier le premier état d'où nous sommes sortis.

7. Les plus beaux présents que le ciel ait faits à l'homme, sont de dire la vérité, et de faire du bien aux autres.

8. Les goûts les plus naturels doivent être

aussi les plus simples, car ce sont ceux qui se transforment le plus aisément.

9. Qui ne sait être ni père, ni mari, ni fils, ni ami, n'est pas homme de bien.

10. La mort est une chose moins terrible que nous ne nous l'imaginons ; c'est un spectre qui nous épouvante à une certaine distance, et qui disparaît, lorsqu'on vient à s'en approcher de plus près.

11. Plus je rentre en moi, plus je lis ces mots écrits dans mon ame : sois juste, et tu seras heureux.

12. Soyons vrais, de nos maux n'accusons que nous-mêmes.

13. Ésope florissait du temps de Solon. On ne pense pas que les fables qui portent son nom soient les mêmes qu'il a composées ; elles viennent bien de lui, quant à la matière et à la pensée, mais le style en est d'un autre.

14. L'ingratitude est un crime si honteux, qu'on n'a jamais trouvé un homme qui voulût s'en reconnaître coupable.

15. En France, les voyageurs doivent être munis de passe-port.

16. Les Chaldéens, les Indiens, les Chinois paraissent être les nations les plus anciennement policées.

17. Quelque opiniâtres que nous soyons, il n'est rien que nous pliions plus facilement que

notre caractère, quand il s'agit de notre intérêt.

18. Il n'y a point de vice qui n'ait une fausse ressemblance avec quelque vertu.

19. Il n'y a que la vertu qui puisse suppléer au mérite.

20. Hélas ! à quoi les rois sont-ils exposés ? les plus sages mêmes sont souvent trompés.

21. La Grèce possède deux lacs célèbres dans l'histoire fabuleuse : le Stymphale, fameux par ses harpies, et le Pénée, d'où sort le Styx, fleuve qui tournait neuf fois autour des enfers.

22. Si les hommes entendaient bien leurs intérêts, ils ne commettraient pas de mauvaises actions, parce que le chagrin ou le remords les suit toujours de près.

23. Molière a surpassé Plaute dans tout ce que celui-ci a fait de plus beau.

24. Sésostris pénétra dans les Indes plus loin qu'Alexandre ne le fit ensuite.

25. L'aigle, pourvu de grandes ailes, de fortes serres, et d'un bec tranchant, est né pour vivre de rapine.

26. La science et l'esprit conduisent un artiste, mais ne le forment en aucun genre.

27. Un père faible ne peut se résoudre à punir ses enfants, lors même qu'ils sont le plus coupables:

28. Comment se fait-il que les ouvrages de la nature soient parfaits? C'est que chaque ouvrage est un tout, et qu'elle travaille sur un plan éternel, dont elle ne s'écarte jamais.

29. On songe rarement que le temps, comme l'argent, peut se perdre par une avarice hors de propos.

3o. Le grand Cyrus disait qu'on n'est pas digne de commander aux autres, à moins qu'on ne soit meilleur que ceux à qui l'on donne la loi.

31. La terre est emportée autour du soleil avec une rapidité inconcevable; sa vitesse égale soixante-treize fois celle d'un boulet de canon, si elle ne lui est supérieure.

32. Les éruptions des volcans sont ordinairement annoncées par un bruit souterrain semblable à celui qui est causé par le tonnerre. Elles sont aussi fréquentes dans les contrées les plus froides que dans les pays les plus chauds. Il y a des volcans d'où l'on a vu sortir des torrents d'eau bouillante, des poissons, des coquilles et d'autres corps marins.

33. Guillaume-le-Conquérant est un des plus grands généraux que le onzième siècle ait produits.

34. Lokman disait, en parlant de la sagesse, qu'il l'avait apprise des aveugles, qui ne posent jamais le pied à terre sans s'être assurés de la solidité du terrain.

35. La courte durée de la vie ne peut nous dissuader de ses plaisirs, ni nous consoler de ses peines.

36. Quelques talents que vous ayez, quels que soient les avantages que vous tenez de la nature et de l'éducation ; enfin, quelque grandes que soient vos perfections, ne vous attendez aux suffrages que d'un petit nombre d'hommes.

37. C'est des Grecs et des Romains que nous sont venues les lumières.

38. Le sage est inébranlable : les tempêtes mugissent autour de lui sans pouvoir le troubler.

39. Il est toujours dangereux de passer pour un homme bizarre. Quand nous avons cette réputation, on n'a plus de confiance en nous, parce qu'on s'imagine que la singularité qui nous écarte de la route commune, dans les petites choses, pourrait nous en écarter dans les grandes.

40. Homme bienfaisant, dont la main est ouverte à quiconque réclame vos dons, vous êtes la vive et sublime image de la Divinité, qui veut le bonheur de tous les hommes!

41. Les longues guerres entraînent toujours après elles de grands désordres.

42. Il soupirait après le moment qui le mettrait en possession de la félicité qu'il avait tâché de mériter par sa conduite.

43. Les accusateurs de Manlius lui repro-
chaient d'avoir tenu des discours séditieux, et
de vouloir faire des changements dans le gouvernement.

44. Il n'y a point de petites vertus aux yeux
d'un homme de bien; et il ne peut même,
sans danger, en négliger aucune.

45. M. de Turenne releva, par une heureuse
et prudente témérité, l'état penchant vers sa
ruine.

46. Le mancenillier des Indes produit un
poison si actif, que c'est dans la sève de cet arbre
que les sauvages trempent leurs flèches pour les
empoisonner.

47. Il faut gouverner la fortune comme la san-
té : en jouir, quand elle est bonne; prendre
patience quand elle est mauvaise, et ne faire jamais de grands remèdes sans un extrême besoin.

48. On demandait à Thalès, l'un des sept sages de l'antiquité, ce qu'il y a de plus difficile, et de plus aisé dans le monde. Il répondit que le premier est de se connaître soi-
même ; et le second, de donner de bons
conseils.

49. Moins on mérite de souffrir, plus on se
tait quand on souffre.

50. Quel cœur assez barbare pourrait ne pas
avoir de plaisir à soulager les peines des malheureux?

51. Il apparaît de temps en temps sur la

terre des hommes rares qui n'ont ni aïeux ni descendants.

52. Les sciences n'ont fait de véritables progrès que depuis qu'on travaille, par l'examen et l'observation des faits, à éclaircir, à détruire ou à confirmer les systèmes.

53. On dit qu'un homme a l'ame peinte sur la figure, et que ses yeux sont des lunettes pour celui qui veut lire dans son cœur.

54. Quels que soient les projets auxquels Louis s'attache,
Quel que soit le péril qui menace ses jours,
On ne sait où l'homme se cache,
Et le héros paraît toujours.

55. Les bec-figues se nourrissent de figues et de raisin.

56. L'histoire des sciences ne nous a présenté jusqu'à présent que deux hommes qui, par la nature des ouvrages qu'ils ont composés, paraissent se rapprocher de M. de Buffon : Aristote et Pline. Tous les deux, infatigables comme lui dans le travail, étonnent par l'immensité de leurs connaissances, et par celle des plans qu'ils ont conçus et exécutés; l'un et l'autre, respectés pendant leur vie, et honorés après leur mort par leurs concitoyens, ont vu leur gloire survivre aux révolutions des opinions et des empires, aux nations qui les ont produits, et même aux langues qu'ils ont employées; et ils semblent, par leur exemple, promettre à M. de Buffon une gloire non moins durable.

57. Comment se fait-il que les hommes soient d'ordinaire plus judicieux dans les affaires d'autrui qu'ils ne le sont dans les leurs? c'est que, dans nos affaires, trop de joie ou trop de crainte nous préoccupe.

58. Le vrai moyen d'être souvent trompé, c'est de se croire plus fin que les autres.

59. Aristide et Épaminondas étaient tellement ennemis du mensonge, qu'ils étaient incapables de déguisement et de fraude, même en badinant.

60. On appelle plaisir toute sensation, ou tout mouvement agréable qui est excité en nous.

61. Les méchants perdent bien vite le souvenir des bienfaits qu'ils ont reçus.

62. Personne, par la disposition de son esprit, de son cœur ou de sa fortune, n'est souvent disposé à se livrer au plaisir que donne la perfection d'un ouvrage.

63. Les ambitieux n'épargnent rien pour gagner la confiance et l'estime publiques par la pratique extérieure de la vertu.

64. C'est de lui (Cadmus) que nous vient cet art ingénieux
De peindre la parole et de parler aux yeux,
Et, par des traits divers de figures tracées,
De donner de la couleur, et du corps aux pensées.

65. Il n'y a pas d'ouvrage, quelque parfait qu'on le suppose, qui ne prêtât à la critique,

7*

si on l'examinait à la rigueur, et sur toutes les faces.

66. La lecture sert à orner l'esprit, à régler les mœurs, et à former le jugement.

67. Les perce-oreilles sont de petits insectes très-communs dans les endroits humides.

68. Les esprits inquiets s'imaginent d'ordinaire les choses tout autrement qu'elles ne sont.

69. Sous Charles VI, il n'y avait que les grands qui portassent le deuil en noir.

70. Les Boileau et les Gilbert ont été les Juvénals de leur temps.

71. Le cœur de l'homme n'est pas moins caché à lui-même qu'il est impénétrable aux autres.

72. On ne sait précisément ni quel est l'auteur de la boussole, ni en quel temps on a commencé de s'en servir. Quelques historiens en attribuent l'invention à Jean Goya, Napolitain, qui vivait vers l'an treize cent; d'autres disent que la boussole fut connue par les Chinois avant cette époque, et que c'est à eux qu'on en doit la découverte.

73. On ne compte pour rien les éloges donnés aux souverains pendant leur règne, à moins qu'ils ne soient répétés sous les règnes suivants.

74. Le sentiment intérieur de l'égalité naturelle est la source d'où provient la véritable politesse.

75. Les persónnes d'esprit ont en elles les semences de toutes les vérités.

76. L'homme entièrement seul est celui à qui le ciel n'a point accordé d'amis.

77. Les Arabes ont été la seule nation conquérante qui ait avancé la raison et l'industrie. C'est à eux que nous devons l'algèbre, la chimie et quelques nouvelles connaissances en astronomie ; mais la poésie est le seul des beaux-arts qu'ils aient cultivé avec succès.

78. Le duc d'Enghien, qui fut dans la suite appelé le Grand Condé, n'avait que vingt-deux ans, quand il commanda les troupes françaises à la fameuse journée de Rocroi. Son génie suppléait à l'expérience qui lui manquait. Quoiqu'il eût reçu l'ordre de ne point combattre, il osa l'enfreindre, et la France dut à cette désobéissance une des victoires les plus mémorables que les Français aient remportées sous le règne de Louis XIV.

79. Il vaudrait mieux qu'un homme de bien perdît la vie, que de ternir son honneur par quelque action basse et honteuse.

80. Vénus remonta dans le nuage doré d'où elle était sortie, et laissa après elle une odeur d'ambroisie.

81. On demandait à Bias quelle est la chose qui flatte le plus les hommes ; c'est l'espérance, répondit-il.

82. Plus on est honnête, plus il est dif-

ficile de croire que les autres ne le soient
pas.

83. Écoutez celui qui vous aime assez pour
ne pas craindre de vous contredire, ni de vous
déplaire en vous disant la vérité.

84. C'est le destin des choses humaines de
n'avoir qu'une courte et rapide durée.

85. Ceux qui se plaignent de la fortune n'ont
souvent à se plaindre que d'eux-mêmes.

86. Il n'appartient qu'à la main qui a créé
la mer de lui donner des lois.

87. Le plus bel ornement d'une maison, a
dit Homère, c'est la vertu de son maître.

88. Nous sommes si vains que l'estime d'un
petit nombre de personnes qui nous entourent,
nous suffit.

89. Vous avez consolé les malheureux, sou-
lagé les misérables; aussi vous ont-ils béni.

90. Les peuples les moins civilisés sont ceux
parmi lesquels il se commet le plus de
crimes.

91. Tel est le charme de la vertu, que les
Barbares mêmes l'adorent.

92. Quand on songe aux autorités sans nombre que Montesquieu a consultées, à la masse de
matériaux épars qu'il a rassemblée, à la multitude de connoissances qu'il a réunie; quand
on songe à la difficulté qu'il a éprouvée ensuite

pour faire de ces matériaux un édifice régulier;
on ne sait lequel on doit admirer le plus, ou
son génie ou son courage.

93. Les aigues-marines qu'on trouve au pied
du mont Taurus sont les plus dures et les plus
belles que l'on connaisse.

94. Mais qui fait fuir ainsi ces ligueurs dispersés ?
   Quel héros ou quel dieu les a tous terrassés ?

95. Montrons dans un prince admiré de
tout le genre humain ce qui fait les héros : valeur, magnanimité, bonté naturelle.

96. Darius, dans sa déroute, réduit à la nécessité de boire de l'eau fangeuse, assura à
ceux qui étaient autour de lui, qu'il n'avait
jamais bu avec tant de plaisir.

97. Le plaisir de la critique ôte souvent le
plaisir si agréable d'être vivement touché des
belles choses.

98. Alexandre, voulant montrer combien il
estimait Porus, le replaça sur un trône d'où
la fortune des armes l'avait fait descendre.

99. Abandonner la vie pour se soustraire
aux coups de la fortune, c'est prendre honteu-
sement la fuite devant l'ennemi.

100. Partout les rayons perçants de la vérité
vont venger la vérité que les hommes ont négligé de suivre.

101. Il n'y a rien qui contribue plus que
l'amitié à la douceur de la vie.

102. Les éléments du bonheur se rassemblent vainement en foule autour de quelques êtres, tandis qu'on en voit tant d'autres qui savent se les approprier et en jouir.

103. La bonté consiste en deux points : à ne point faire de mal à nos semblables, et à leur faire du bien.

104. Les sciences ont des racines amères, mais les fruits en sont doux.

105. Les bons et les mauvais succès semblent s'être partagé la durée des ans et des siècles.

106. Quelles sont les gens qui craignent le plus de mourir, si ce ne sont ceux qui ont mal vécu.

107. Quelque variés que soient nos aliments, la plupart nous sembleraient fades et insipides, si nous étions privés du sel, qui en rehausse le goût et l'agrément.

108. Gerbert, savant du dixième siècle, passa pour sorcier, parce qu'il n'ignorait ni l'arithmétique, ni les éléments de la géométrie.

109. Votre ami a sans doute le cœur excellent, mais il a dans le caractère une roideur, une opiniâtreté qui lui fait des ennemis; et la liberté, la hardiesse avec laquelle il dit sa façon de penser, offense quelquefois.

110. C'est de notre prudence que dépend notre bonne ou notre mauvaise fortune dans le monde. Il est pourtant des évènements impré-

vus qui déroutent souvent les plans les mieux concertés de la sagesse humaine. Ce n'est pas toujours le plus agile qui gagne le prix de la course, ni le plus fort qui est victorieux.

111. Trajan avait pour maxime qu'il fallait que ses concitoyens le trouvassent tel qu'il eût voulu trouver l'empereur, s'il eût été simple citoyen.

112. Il ne faut attendre de bonheur ici-bas que dans la vertu et l'innocence.

113. Ne vous repentez jamais des services que vous avez rendus à un ami; il vaudrait mieux rougir de ne lui en avoir pas rendu.

114. Aimer ceux qui nous haïssent, et les aimer lors même qu'ils nous nuisent le plus, c'est le devoir d'un chrétien.

115. L'amour de la gloire semble en quelque sorte nous séparer de nous-mêmes.

116. Le meilleur remède contre l'ennui, ce sont des occupations qui se succèdent sans interruption les unes aux autres.

117. Si les richesses contribuent au plaisir, le plus grand qu'elles puissent nous procurer, c'est de faire du bien.

118. Dans le gouvernement, l'auguste appareil de la puissance royale impose aux sujets. Un sceptre, une robe de pourpre, une couronne ou un diadème rend plus vénérable celui qui est investi de l'autorité suprême.

119. Ce sont les actions de l'ame qui déterminent celles du corps ; et d'après celles-ci, qu'on voit, on juge de celles-là, qu'on ne voit pas.

120. Ni la pauvreté ni la fortune ne font le bonheur : il dépend uniquement du bon ou du mauvais usage des biens et des maux que nous avons reçus de la nature.

121. Addisson, ainsi que Socrate, avec qui il a été souvent comparé, fit descendre les sciences des hauteurs qui n'étaient accessibles qu'aux savants mêmes. C'est Addisson qui dépouilla la philosophie de son habillement grossier, et qui la représenta parée des grâces, comme la déesse de la beauté.

122. Sois reconnaissant envers ton père et ta mère, puisqu'ils t'ont donné le jour. Tes enfants, en suivant ton exemple, récompenseront ta piété par leur amour filial.

123. Persuader et convaincre, c'est l'unique objet de l'éloquence.

124. Comme un rocher contre lequel les flots viennent se briser vainement, de même le sage voit les passions se presser autour de lui sans pouvoir effleurer son cœur.

125. Les seules louanges que le cœur sache donner, ce sont celles que la bonté s'attire.

126. Les approches de la mort éteignent en nous ce courage avec lequel il semble que nous la défiions toute notre vie.

127. L'esprit d'un auteur consiste à bien définir et à bien peindre.

128. Le plus doux des mortels aime à voir du rivage
Ceux qui, près de périr, luttent contre l'orage.

129. Quelque mauvais que soit un livre, on y trouve toujours quelque chose qui mérite d'être lu.

130. Il est difficile de décider si la vanité produit plus de ridicules qu'elle n'en fait trouver dans les autres.

131. Les feux-follets sont certains météores qui paraissent pendant les nuits d'été.

132. En tout, la nature fournit les germes; c'est l'art qui en perfectionne le développement.

133. La noblesse est comme la flamme qui se communique, mais qui s'éteint dès qu'elle manque d'aliment. Rappelez-vous votre naissance, puisqu'elle vous impose de grands devoirs ; rappelez-vous vos ancêtres, puisqu'ils sont pour vous des exemples qu'il vous importe de suivre.

134. Tout est arrangé dans le monde avec une sagesse et une bonté infinies.

135. Les peuples les plus barbares, et les plus farouches animaux même, paraissent sensibles à de touchants accords.

136. Plus on étudie la religion chrétienne, plus on y découvre des caractères de sagesse

qui pénètrent le cœur d'amour, et l'esprit
d'admiration.

137. Enfin épargne-moi ces tristes entretiens.

138. Maintenir les droits du bon goût, pro-
pager les saines doctrines, encourager le mérite modeste, faire une guerre éternelle à la
sottise, c'est le devoir d'un journaliste.

139. Vous m'avez vendu cher vos secours, inhumains.

140. Il y a bien des gens qui voient le vrai,
et qui ne peuvent jamais y atteindre.

141. Agir sans avoir réfléchi, c'est se mettre
en voyage sans avoir fait de préparatifs.

142. Dieu, qui avait créé les anges dans la
sainteté, voulut que leur bonheur dépendît
d'eux-mêmes.

143. Les traîtres sont détestés de ceux-
mêmes qui les emploient.

144. On ne peut guère cultiver en même
temps son esprit ni sa fortune.

145. On a besoin de tout le monde, quand
on ne tient à personne.

146. Le propre de la folie est de voir les
défauts des autres, et de ne pas se rappeler les
siens.

147. Tel qui cachait son âge à quarante ans,
l'augmente à quatre-vingts.

148. Charlemagne aimait la gloire des armes
et l'étude des lettres.

149. L'agriculture et le commerce sont éga-

lement utiles dans un état : celle-là nourrit les habitants, celui-ci les enrichit.

150. C'est dans l'organisation de l'homme, et dans le caractère de chacun que se trouvent les principes du bonheur.

151. Jamais sur le trône on ne vit plus d'un maître :
Il n'en peut tenir deux, quelque grand qu'il puisse être.

152. La nature répand ses bienfaits avec une libérale économie; usons-en avec la même sagesse.

153. Le sénat parlait à Néron de sa reconnaissance; ce prince, jeune alors, répondit : J'attendrai, pour y compter, que je l'aie méritée.

154. L'immortelle est l'emblême d'une longue et constante amitié.

155. Un vase neuf conserve long-temps l'odeur de la liqueur qu'on y a versée, ainsi l'homme conserve long-temps la première impression qu'il a reçue.

156. L'amitié est un des plus grands biens dont l'homme puisse jouir.

157. La vertu obscure est souvent méprisée, parce que rien ne la relève aux yeux des hommes.

158. Le bonheur naît souvent du sein des malheurs mêmes.

159. Nous aperçûmes de loin la terre, et bientôt un vent favorable nous en approcha.

160. Craignez Dieu , et honorez le roi ;
soyez bon chrétien, et sujet fidèle. Il faut être
l'un et l'autre , sinon vous ne serez ni l'un ni
l'autre.

161. Tout s'apprend, et il y a un art pour
conduire les facultés de l'esprit, comme il y en
a un pour conduire les facultés du corps ; mais
on n'apprend à conduire celles-ci que parce
qu'on les connaît ; il faut donc connaître celles-
là pour apprendre à les conduire.

162. Quand nous nous répétons dans nos
discours, ce n'est souvent pas que nous oubliions
ce que nous avons déjà dit : c'est que nous avons
du plaisir à le redire, ou que nous craignons
qu'on ne l'ait oublié.

163. Nous suivons les bons exemples par
émulation, et les mauvais par une certaine dé-
pravation que la honte retenait prisonnière, et
que l'exemple met en liberté.

164. Que de gens ne sentent les maux qui
accablent l'état qu'autant que leur repos en
est troublé.

165. Un homme mortel ne doit point avoir
des haines immortelles.

166. La plupart des hommes flottent sans
cesse entre des craintes ridicules , et de fausses
espérances.

167. Une ame honnête, si elle a des torts,
ne saurait être en paix avec elle-même, à moins
qu'ils ne soient réparés.

168. Hélas! plus je lui parle, plus il m'intéresse.

169. Plusieurs Arabes du désert interrogés comment ils avaient découvert l'existence de Dieu : de la manière, répondirent-ils, que nous connaissons, par les traces imprimées sur le sable , si un homme ou un chameau y a passé.

170. Des empires jadis si florissants ont été détruits, et ensevelis sous leurs propres ruines.

171. Quand les impressions sont fortes, le souvenir en est durable.

172. Les doux et innocents plaisirs qu'offre la nature , conservent tout leur agrément pour l'homme sensible et vertueux.

173. Le plus grand des défauts qu'un homme puisse avoir , c'est de s'en croire exempt.

174. Combien de grands hommes généralement applaudis, ont gâté le concert de leurs louanges en y mêlant leur voix.

175. Les bienfaits sont le seul trésor qui s'accroisse à mesure qu'on le partage.

176. Le peu d'exactitude que j'ai trouvé dans cet ouvrage ne m'a pas prévenu en faveur de l'auteur.

177. Qu'un peuple de tyrans qui veulent nous enchaîner
Par cet exemple, un jour, apprennent à pardonner.

178. A Athènes et à Rome, on vit la politesse et le goût retomber dans cette même

barbarie d'où tant de chefs-d'œuvre fameux les avaient tirés.

179. L'homme le plus vertueux est celui qui se reproche, et qui blâme les moindres fautes qu'il a faites.

180. Pourquoi donc craignons-nous la mort, si nous avons assez bien vécu pour ne pas en craindre les suites ? pourquoi redoutons-nous tant cet instant, puisqu'une infinité d'autres instants du même ordre le préparent, puisque la mort est aussi naturelle que la vie, et que l'une et l'autre nous arrivent sans que nous puissons nous en apercevoir ?

181. Evitons en toutes choses de parler de nous-mêmes, et de nous donner pour exemples.

182. Les bonnes ou les mauvaises conversations forment ou gâtent l'esprit.

183. L'esprit se peint dans la parole, qui en est l'image.

184. Il est un livre ouvert à tous les yeux, c'est celui de la nature. C'est dans ce grand et sublime livre que l'on apprend à connaître son divin Auteur; et nul n'est excusable de n'y pas lire, parce qu'il parle à tous les hommes un langage intelligible à tous les esprits.

185. L'adversité éprouve les amis que la prospérité nous a procurés.

186. L'esprit marche dans des sentiers battus, le génie s'ouvre de nouvelles routes.

187. Pour bien juger les choses, il faut en con-

naître le prix, et ne pas les désirer trop ardemment.

188. Télémaque, voyant Mentor, qui lui tendait la main pour lui aider à nager, ne songea plus qu'à s'éloigner de l'île fatale.

189. Que béni soit le ciel qui te rend à mes vœux !

190. C'est une marque d'habileté que de savoir connaître l'habileté d'autrui, et d'aller au devant.

191. Vain espoir ! Céléno, la reine des harpies,
    Infesta ces beaux lieux de ses troupes impies.

192. La paresse a étouffé plus de talents que l'activité n'en a développé.

193. Les malheureux croient facilement ce qu'ils désirent avec ardeur ; et ce qu'ils redoutent, ils ne s'imaginent pas que rien puisse les en garantir.

194. Pendant que nous nous portons bien, soyons tels que nous nous sommes proposé de devenir, lorsque nous étions malades.

195. Un des plus utiles emplois que nous puissions faire de l'amour-propre, c'est de nous élever au-dessus de ses blessures.

196. La hardiesse avec laquelle on doit toujours dire la vérité, ne doit jamais dégénérer en audace ni en effronterie.

197. Heureux l'homme bienfaisant ! heureux celui qui reçoit avec gratitude ! L'un et l'autre ont des droits inaliénables à l'estime et à l'amitié de quiconque sait penser et sentir.

198. Quelque immenses que soient les richesses, elles s'épuisent à la longue.

199. La conscience est le jugement intérieur
que les hommes portent, chacun sur ses
propres actions.

200. Henri IV eut long-temps pour ennemis la plupart de ceux qu'il avait comblés de
ses bienfaits.

201. Il y a deux sortes d'ambitions : celle
d'amasser de la fortune, et celle d'acquérir de
la gloire; il y a peu de gens qui les aient
toutes deux.

202. Vous êtes satisfaite, et je ne le suis pas.

203. Rien ne choque plus un homme de
mérite que les applaudissements des sots.

204. Il n'y a personne qui ne soit capable
de quelque chose, ni personne qui soit capable de tout.

205. Quelque méchants que soient les
hommes, ils n'osent paraître ennemis de la
vertu.

206. De peur que l'idolâtrie n'infestât tout
le genre humain, et n'éteignît tout-à-fait la connaissance de Dieu, Dieu appela d'en haut son
serviteur Abraham.

207. S'il est vrai que ce prince ait traité avec
tant de sévérité les troupes alliées qui l'ont
abandonné, c'est qu'il a voulu prouver à toutes
les nations que la trahison ne saurait rester im-
punie.

208. Je vois partout des êtres occupés à tarir les sources de bonheur que la nature a mises à leur portée.

209. Ceux qui sont trop blessés des petites choses, ne le sont jamais convenablement des grandes.

210. Les coiffes-jaunes sont des espèces d'oiseaux de Cayenne.

211. On fera observer à l'enfant que ces principes et ces règles dont il ne sent pas l'utilité, lui sont indispensables pour mettre de l'ordre dans ses connaissances.

212. L'homme qui n'aime que lui, ne hait rien tant que d'être seul avec lui-même.

213. Les loups-cerviers ont la vue très-perçante.

214. C'est au fond du cœur des méchants qu'est dressé leur échafaud.

215. Montesquieu était d'une douceur et d'une gaîté toujours égales.

216. Un titre, quel qu'il soit, n'est rien, si ceux qui le portent ne sont grands par eux-mêmes.

217. Le moyen de donner avec fruit des leçons de vertu, c'est de donner aux hommes de bons exemples à suivre.

218. La religion ne veut pas qu'on regarde d'un œil d'envie la prospérité de ses semblables.

219. Plus une chose est difficile, plus il est glorieux de la bien faire.

8

220. Indomptable taureau, dragon impétueux,
    Il recourbe sa croupe en replis tortueux.

221. On lui apprenait, au sortir de l'enfance, la plupart des vérités que ces sages ne m'ont appris à connaître que dans la maturité de l'âge.

222. Quand le travail nous a fatigués, l'amusement auquel nous avons recours, n'est souvent qu'un changement d'occupation.

223. Le plus ingénieux de tous les maîtres est celui dont les leçons sont le plus goûtées.

224. Il faut souvent faire observer aux enfants que rien ne contribue plus à l'économie et à la propreté, que de tenir chaque chose à sa place.

225. Rien n'est plus admirable ni plus héroïque que de puiser son courage dans le sein des disgraces mêmes, et de revivre à chaque coup qui devrait donner la mort.

226. Voici deux avantages que l'envie ne cherche jamais à contester : la richesse à l'homme généreux, et la mémoire aux gens d'esprit.

227. Il n'y a que ceux qui ne craignent pas la mort, qui sachent jouir de la vie. Le moyen le plus efficace qu'on puisse employer pour se guérir de cette crainte, c'est de vivre sans reproche.

228. Une pauvre femme alla trouver plusieurs fois Philippe, pour lui demander une audience ; comme il la lui refusait toujours, elle

lui dit : je viens vous demander justice : si vous n'avez pas le temps de me rendre justice, cessez donc d'être roi. Alors Philippe la satisfit tout de suite.

229. Phocion, un des hommes qui illustrèrent le plus le siècle d'Alexandre, adressa les paroles suivantes à un jeune homme qui parlait avec plus de vanité que de bon sens : Jeune homme, tes discours ressemblent aux cyprès, qui sont grands et hauts, et ne portent point de fruits.

230. Le diamant est la pierre la plus précieuse, la plus pure, la plus dure et la plus pesante que l'on connaisse. C'est dans les royaumes de Golconde, de Visapour et du Bengale (en Asie), que se trouvent les plus riches mines de diamant.

231. Plus on est grand, moins on s'avise de faire sentir une distance trop marquée pour être méconnue.

232. Il y a dans la véritable vertu une candeur, une ingénuité qui se fait aisément remarquer, pourvu qu'on y soit attentif.

233. Si l'on voulait définir les mots que l'on comprend le moins, il faudrait peut-être définir ceux dont on se sert le plus.

234. La vue ou le récit des actions vertueuses conduit à la vertu par le chemin le plus court : elles enflamment le courage, et excitent

à suivre les beaux exemples qu'elles nous présentent.

235. Dieu a donné des richesses à quelques
mortels, afin qu'elles fussent le supplice de leurs
passions, comme elles en furent l'instrument.

236. Le duc de Vivonne était un des hommes de la cour qui avaient le plus de goût et
de lecture. C'était à lui que Louis XIV disait
un jour : « Mais à quoi sert de lire ? » Le duc
de Vivonne, qui avait de l'embonpoint et de
belles couleurs, répondit : « La lecture fait à
l'esprit ce que vos perdrix font à mes joues. »

237. Autant il est honteux d'être asservi
à ses passions, autant il est glorieux de les
dompter.

238. César ne croyait pas que le mérite des
belles actions qu'il avait faites, lui donnât le
droit de se reposer ; il s'honorait plutôt de ce
qu'il avait à faire que de ce qu'il avait fait.

239. Fille du luxe et de l'abondance, la mollesse se fait de faux besoins, que l'habitude lui
rend nécessaires ; et, renforçant ainsi les liens
qui nous attachent à la vie, elle en rend la
perte encore plus douloureuse.

240. Il y a dans la vertu une noblesse,
une élévation à laquelle les cœurs vils et ram-
pants ne sauraient atteindre.

241. Paul-Émile, vivement touché des malheurs de Persée, dit aux jeunes Romains qui

l'accompagnaient : vous avez sous les yeux un grand exemple de l'inconstance de la fortune ; rappelez-le-vous, quand vous serez dans la prospérité, afin que vous ne traitiez personne avec orgueil.

242. La soif des conquêtes, ou le désir d'une vaine gloire porte rarement les Indiens de l'Amérique à entreprendre aucune guerre injuste.

243. C'est surtout dans la presqu'île en deçà du Gange que s'est conservée la coutume barbare qui porte les femmes à se brûler sur le corps de leurs maris.

244. Il n'y a que les connaisseurs qui puissent faire remarquer les beautés du premier ordre dont les Racine et les Boileau ont enrichi leurs ouvrages ; mais tous les lecteurs les sentent sans les analyser, et c'est ce qui fait lire et vivre les bons ouvrages long-temps avant qu'on en ait reconnu tout le prix.

245. C'était un beau serment que celui qui fut prononcé par les soldats de Fabius : ils ne jurèrent pas de mourir ou de vaincre; ils firent le serment de revenir vainqueurs, et ils le tinrent.

246. La vertu est un bien qui s'accroît en se communiquant : plus il est répandu dans un grand nombre de mains, plus la part de chacun est grande.

247. Caligula ordonnait qu'on offrît à son cheval Incitatus de l'avoine et du vin dans des coupes d'or.

248. Les îles Canaries furent fréquentées par les Romains, qui les connaissaient sous le nom d'îles Fortunées ; mais la décadence de l'empire romain rendit les nations de l'Occident étrangères les unes aux autres, et ces îles furent perdues pour nous. Vers l'an treize cent, les Biscayens les retrouvèrent.

249. Les insulaires de Ternate n'entreprenaient jamais la guerre sans la déclarer à leurs ennemis; ils leur envoyaient le plan de campagne, et leur faisaient connaître le nombre d'hommes qui allait combattre. Les Achaïens, si l'on en croit Polybe, n'avaient pas des procédés moins généreux à l'égard de leurs ennemis.

250. Quelle que soit la facilité de votre esprit, quelque grande que soit votre application, vous ne parviendriez jamais à la connaissance de toutes les sciences. La vie toute entière d'un homme suffit à peine pour en effleurer quelques-unes.

251. Les Numantins se réservèrent, par leur capitulation, une journée toute entière pour se donner la mort.

252. Une loi de Witolde, prince de Lithuanie, ordonnait aux criminels de se faire mou-

rir eux-mêmes, afin d'épargner à l'exécuteur la douleur de verser le sang humain.

253. On prétend que les Anthiosistes regardaient le travail comme un crime, et qu'ils passaient leur vie à dormir.

254. Les Japonais sont le seul peuple qui n'ait jamais été vaincu.

255. Voir les périls moindres qu'ils ne sont, c'est manquer de cœur. La timidité les exagère, le courage aveugle les déguise, et souvent l'un et l'autre nous mettent hors d'état d'en triompher.

256. Le relâchement des mœurs n'empêche pas qu'on ne vante beaucoup l'honneur et la vertu ; ceux qui en ont le moins n'ont jamais ignoré combien il importe que les autres en aient.

257. La vertu et l'honneur peuvent s'étendre à l'infini : on peut toujours en reculer les bornes, mais on ne les passe jamais.

258. Les savants ne peuvent pas avoir le goût ni le loisir d'amasser de grands biens.

259. Alexandre avait ordonné qu'on bâtît une ville en l'honneur de son chien Péritus.

260. Les honneurs décernés par la reconnaissance publique à la dépouille mortelle d'un grand homme, sont de puissants motifs d'émulation pour ceux qui lui ont survécu. Il est fâcheux que cet encouragement soit si

rare : c'est une dette que les contemporains
contractent, et que la postérité acquitte ordinairement.

261. La plupart des poètes manquent de ces
expressions heureuses qui font l'ame de la
poésie, et le mérite des Homère, des Virgile,
des Milton, des Corneille et des Racine,
dont les ouvrages eussent suffi pour illustrer
le pays qui les a vus naître.

262. Après les Dieux, de qui les bonnes lois
viennent, rien ne doit être aussi sacré ni
plus digne du respect des hommes, que les lois,
destinées à les rendre bons, sages et heureux.

263. Depuis le caillou, jusqu'à la dépouille
des animaux, il n'y a rien dans la nature dont on
ne puisse faire un ornement : il n'est pas impossible de donner à une matière quelconque une
forme agréable, et la combinaison qui plaira
le plus deviendra la plus belle.

264. Un homme esclave de ses passions est
infiniment plus à plaindre que ne l'est celui qui
gémit sous la plus dure servitude : celui-ci n'a,
pour l'ordinaire, qu'un seul maître à contenter; celui-là a autant de tyrans qu'il a de
désirs.

265. Chérissez votre père et votre mère, qui
vous ont comblé de bienfaits, et aimez votre
patrie, que les hommes de bien ont toujours
chérie et servie.

266. Londres compte une population de neuf

cent mille habitants en été, et d'un million en hiver.

267. Justice envers les peuples, charité à l'égard des misérables, sévérité envers les méchants, tendresse à l'égard des bons : voilà les bases sur lesquelles sont fondées la gloire et la sainteté de saint Louis.

268. Que les gens de bien jurent entre eux une alliance, une union inviolable.

269. On doit son cœur à peu; on doit son indulgence à tous.

270. Nourri dans le sérail, j'en connais les détours.

271. Les jeunes gens, au lieu de s'applaudir de leurs erreurs, et de vouloir les ennoblir, devraient avoir le courage de les désapprouver.

272. Quel que soit mon destin, j'en bénis la rigueur.

273. Il semble que nous nous identifiions avec le voyageur, lorsqu'il raconte les dangers qu'il a courus.

274. L'éloquence aide la raison, et en est aidé à son tour.

275. Les Japonais de distinction ont des domestiques de confiance, chargés spécialement d'avertir leurs maîtres des fautes dans lesquelles ils les ont vus tomber.

276. Richelieu et Mazarin gouvernèrent le même royaume avec une politique tout opposée. Tous les deux furent en butte à la haine des grands; ils essuyèrent l'un et l'autre des

tempêtes, et tous les deux échappèrent au naufrage, l'un par une noble audace, l'autre par une heureuse adresse.

277. Quelques dispositions que l'amour-propre ait à s'aveugler, il cherche encore plus souvent à faire illusion qu'il ne s'en fait à lui-même.

278. Si Dieu n'a pas écrit dans les nuages : espérez ou craignez, il l'a écrit dans nos cœurs.

279. Henri IV a donné de grands exemples d'équité et de désintéressement, que ses successeurs se sont fait gloire de suivre.

280. On obtient plus aisément grâce auprès de ceux envers qui l'on a des torts réels, qu'auprès de ceux envers qui l'on n'en a que d'imaginaires.

281. La religion n'abat ni n'amollit le cœur ; elle l'ennoblit et l'élève.

282. Ceux qui sont accoutumés à de vifs plaisirs, ont perdu l'habitude des plaisirs doux et tranquilles.

283. Loin de blâmer vos pleurs, je suis prêt à pleurer.

284. L'amitié donne le droit de contredire, mais elle ne donne pas celui d'offenser par la contradiction.

285. M. de Montausier, tout enfant qu'il était, suppléait, par son ardeur, à ce qui manquait à ses connaissances.

286. Le mérite et la vertu ont toujours l'air simple et modeste.

287. Rien ne peut suppléer à la joie qu'ont ôtée les remords.

288. Que de vaisseaux il s'est construit en Angleterre ! A la fin de la dernière guerre qu'il y a eu , cette nation, que ses forces maritimes ont rendue si puissante ; possédait mille vaisseaux de guerre, et environ vingt-quatre mille cinq cents bâtiments marchands.

289. Un long amas d'honneurs rendent Thésée excusable.

290. Plus on est né avec de grandes qualités , plus la corruption est profonde et désespérée.

291. Les rois voisins de saint Louis, loin d'envier sa puissance , avaient recours à sa sagesse, et s'en remettaient à lui de leurs différents, et de leurs intérêts.

292. Soyez sincère, franc , loyal , et conduisez-vous de sorte que vos parents se glorifient de vous avoir pour fils.

293. Le couvre-pieds d'édredon procure une douce chaleur.

294. Il n'y a que le coupable qui doive s'effrayer du soupçon.

295. Ils demeurèrent pendant quelque temps tout stupéfaits, et se regardèrent mutuellement avec l'air de la douleur et de l'effroi.

296. On trouve rarement des petits-maîtres sans affectation , et des petites-maîtresses sans afféterie.

297. Le baobab du Sénégal est de tous les arbres connus celui qui est considéré comme le plus grand. Adanson en a vu dont le tronc avait plus de quatre-vingts pieds de circonférence, et dont les fleurs avaient une demi-toise de pourtour.

298. Il faut, afin que la complaisance ne perde rien de son mérite, y joindre le jugement et la prudence.

299. On doit souffrir, sans se plaindre, les traitements qu'on a faits aux autres.

300. Le meilleur moyen de se défaire d'un ennemi, disait Henri IV, c'est de s'en faire un ami.

301. Les personnes nées dans l'élévation deviennent comme un spectacle public qu'on regarde avec curiosité.

302. Quand nous ne trouvons pas notre repos en nous-mêmes, il est inutile de le chercher ailleurs.

303. Nous convenons bien plus aisément des sottises que nous avons faites, que de celles que nous avons dites.

304. Ce beau pays est admiré des étrangers, qui en trouvent le climat délicieux, le sol fertile et les lois sages.

305. Socrate inventa, dit-on, la morale; cependant d'autres avant lui l'avaient mise en pratique. Aristide avait été juste avant que Socrate

eût dit ce que c'est que la justice. Léonidas était mort pour son pays avant que Socrate eût fait un devoir d'aimer la patrie. Sparte était sobre avant que Socrate eût loué la sobriété ; et la Grèce abondait en hommes vertueux avant qu'il eût loué la vertu.

3o6. J'ai ouï dire à feu ma sœur que sa fille et moi naquîmes la même année.

3o7. Il y a dans les productions de la nature une grandeur à laquelle l'art ne saurait atteindre.

3o8. Nous attendons, pour nous repentir, que nos fautes nous aient punis.

3o9. Suis mon exemple, et lorsqu'une cabale ,
  Un flot de vains auteurs follement te ravalent,
  Profite de leur haine, et de leur mauvais sens.

31o. La pensée fréquente de la mort nous y accoutume, et c'est peut-être le plus beau triomphe de l'habitude.

311. On ne conserve jamais long-temps une autorité qu'on a rendue odieuse.

312. On compte en France quatre cents villes, quarante-trois mille bourgs et villages , et quatre mille trois cent quatre-vingts rivières.

313. Les talents mêmes sont peu de chose en comparaison des vertus.

314. Chez les Romains, on enfermait les parricides dans un sac, et on les jetait à la mer.

315. .... Le premier pas que l'on fait dans le monde,
Est celui dont dépend le reste de nos jours.

316. Plus on lit les bons livres, plus on en sent les beautés.

317. Les sots servent bien moins au plaisir des gens d'esprit, que les gens d'esprit ne servent au plaisir des sots.

318. Les grands corps lumineux, près desquels la terre n'est qu'un atome imperceptible, attestent l'immensité de l'univers et la puissance de Dieu.

319. Le calme où nous nous croyons le plus en sûreté, devient quelquefois le gouffre qui nous voit périr.

320. Ces pensées sans consistance que l'on travaille avec tant de peine, ressemblent à ces feuilles légères de métal : plus on les bat, plus elles prennent d'éclat en perdant de leur solidité.

321. Parmi les nations qui se sont succédé dans la carrière des sciences et des découvertes, les dernières sont évidemment les plus savantes, mais non pas les plus ingénieuses.

322. Corneille s'est élevé dans le genre tragique et dans le genre comique à des beautés que n'ont pas connues les anciens, et que n'ont pas égalées les modernes.

323. Il nous arrive souvent de ne plus nous

rappeler nos fautes, lorsqu'elles ne sont sues que de nous.

324. L'ingrat se punit lui-même du mauvais choix qu'on a fait de lui.

325. L'homme doit se rendre heureux dans tous les âges, de peur qu'après bien des soins, il ne meure avant de l'avoir été.

326. La population du globe est évaluée à sept cent millions d'habitants, répartis de la manière que voici : en Europe cent soixante-dix millions, en Asie quatre cent millions, soixante-dix millions en Afrique, quarante en Amérique, et vingt pour les îles du grand Océan. Parmi ce grand nombre d'habitants, il y en a beaucoup qui vivent dans l'état de sauvages.

327. Un imbécille, ayant appris que le corbeau vit au-delà de deux cents ans, en acheta un pour en faire l'épreuve.

328. Tous les papillons que vous avez vus voltiger dans la prairie, et que vous avez trouvés si jolis, ont été primitivement des chenilles qui ont subi des métamorphoses qui les ont amenées à l'état de chrysalide, et enfin à celui de papillon.

329. Dieu punit les mauvais princes, en les rendant eux-mêmes les instruments de sa colère.

330. Quiconque s'écarte de la sagesse, s'é-

loigne du seul bonheur où l'homme puisse
prétendre sur la terre.

331. C'est de l'animal appelé civette qu'on
tire le musc.

332. Nous sentons les inconvénients des
vices de notre temps, mais nous ignorons les
calamités qu'ont éprouvées nos pères dans les
siècles qui nous ont précédés.

333. Dieu, qui a refusé aux méchants des
yeux pour reconnaître les bons, en a donné
aux bons pour se reconnaître les uns les
autres.

334. C'est à la crainte de l'injustice qu'on
doit les lois.

335. Il est une vertu : qui en méconnaît les charmes,
     Vivra dans la douleur, gémira dans les larmes.

336. Il assura à Phocion qu'il rendrait à la
raison toute sa dignité et ses droits.

337. Minos n'a voulu que ses enfants ré-
gnassent après lui, qu'à condition qu'ils
règneraient suivant ses maximes.

338. Une vapeur qui s'exhale, des ressorts
qui se détendent, une machine qui se dissolt
et se met en pièces : voilà ce que présente la
mort.

339. O Télémaque, aimez vos peuples comme vos enfants, goûtez le plaisir d'être adoré
d'eux, et faites qu'ils ne puissent jamais
goûter la paix ni la joie sans qu'ils se rap-

pellent que c'est à un bon roi qu'ils sont redevables de ces riches présents.

340. Ne donnez jamais des conseils qu'il soit
dangereux de suivre.

341. La sagesse pallie les défauts du corps,
et ennoblit l'esprit.

342. La planète Herschel emploie environ
quatre-vingt-trois ans à faire sa révolution.

343. Retournez dans le sein de Dieu d'où
vous êtes sortie, ame héroïque et chrétienne.

344. C'est à l'aide de ce chemin sans trace
(l'Océan), et au travers des abîmes, que l'ancien
et le nouveau monde se donnent la main,
et que le nouveau prête à l'ancien tant de
commodités et de richesses.

345. Nul ne peut jamais se flatter de n'a-
voir donné à personne de justes sujets de
plainte.

346. Les instants que nous employons à l'é-
tude ne laissent après eux aucun vide.

347. Les chauves-souris vivent de papillons
et d'insectes.

348. La raison nous enseigne qu'il est plus
glorieux de commander à ses passions, que de
s'y abandonner, et que plus il est difficile
d'oublier une injure, plus il est grand de la
pardonner.

349. Les Grecs racontaient que certains
hommes, enchantés de la voix des Muses, et

occupés du soin de les imiter, s'étaient laissés
mourir de faim, et que les Muses, touchées
de leur sort, s'étaient plu à les métamor-
phoser en cigales.

350. Ce qui empêche le plus souvent qu'un
jeune homme ne devienne habile, c'est la suf-
fisance et la persuasion de son propre mérite.

351. Quand on est arrivé au port, qu'il est
doux de se rappeler les orages et les tempêtes
qu'on a essuyés !

352. Il semble, aux murmures des impa-
tients mortels, que Dieu leur doive la récompense avant le mérite, et qu'il soit obligé
de payer leur vertu d'avance. Oh! soyons bons
premièrement, et puis nous serons heureux.
N'exigeons pas le prix avant la victoire, ni le
salaire avant le travail. Ce n'est point en en-
trant dans la lice, disait Plutarque, que les
vainqueurs de nos jeux sacrés sont couronnés,
c'est après qu'ils l'ont parcourue.

353. Souvent le fruit qu'on retire des leçons de l'expérience, ne vaut pas ce qu'elles
ont coûté.

354. On ne peut contempler le soleil, si un
nuage léger n'en tempère l'éclat, ni admirer
la plupart des qualités, si la modestie ne leur
sert de voile.

355. La mort ne surprend point le sage :
Il est toujours prêt à partir,

356. L'ingratitude enlève moins de plaisir au bienfaiteur qu'elle n'en ôte à l'ingrat.

357. Les aigles, dit-on, accoutument leurs petits à regarder fixement le soleil.

358. En général, les impressions qui font sentir le plus le prix de la vie, sont celles qui nous rappellent le plus facilement qu'elle doit finir.

359. Guillaume III laissa la réputation d'un grand politique, quoiqu'il n'eût pas été populaire, et d'un général à craindre, quoiqu'il eût perdu beaucoup de batailles.

360. La vie est un rosier qui n'est jamais sans rose :
L'homme est l'abeille à laquelle la céleste faveur,
A travers quelque épine, en fait sucer la fleur.

361. On ne jouit qu'une fois du plaisir de se venger ; on jouit toujours de l'idée de ne s'être pas vengé.

362. Les Grecs rendaient de grands honneurs à la mémoire de ceux qui avaient été tués en combattant pour la patrie.

363. L'équivoque la mieux concertée est aussi criminelle aux yeux de la Divinité que le mensonge le plus grossier.

364. Que les Dieux me fassent périr, plutôt que de souffrir que la mollesse ou la volupté s'empare de mon cœur.

365. Durant tout le cours de son règne,

Henri IV ne fut occupé que du bonheur et de la gloire de ses sujets.

366. Le plaisir de la critique ôte souvent le plaisir si agréable d'être touché des belles choses.

367. C'est au mérite seul que devraient être réservés les récompenses et les honneurs.

368. La main de Dieu s'est plu à répandre ses bienfaits sur toutes ses créatures.

369. Alors sortit du fond du Nord ce déluge de nations barbares qui forma des débris de l'empire romain un grand nombre d'États qui subsistent aujourd'hui.

370. Si l'on pouvait descendre dans le cœur des riches, on verrait par combien de craintes la fortune tourmente ceux qu'on croit heureux.

371. Un pays est bien peuplé, quand il contient cinq à six cents personnes par lieue carrée.

372. Ne porte pas envie à ton bienfaiteur, et ne cherche point à cacher les bienfaits que tu en as reçus.

373. C'est peu d'être clair, il faut être précis; car tous les genres d'écrire ont, chacun, leur précision.

374. Le menteur ne trompe habituellement que lui.

375. Je vous prends à témoin, vous tous

qui m'écoutez, et qui voyez les larmes que je répands.

376. Vaincu, mais plein d'espoir, et maître de Paris,
Par sa politique habile, au fond de la retraite,
Aux ligueurs incertains, il déguisait sa défaite.

377. Les hommes se sont presque toujours laissé tromper par les apparences.

378. Le plus sûr moyen de plaire aux autres, c'est de les aider à nous plaire.

379. Toute notre vie est une recherche éternelle de nous-mêmes.

380. Nous faisons nos destins : quoi que vous puissiez dire,
L'homme, par sa raison, sur l'homme a quelque empire.

381. Epargner les méchants, c'est n'avoir point pitié des bons ; craindre d'écraser le serpent qui se rencontre sous nos pas, c'est ne point penser à l'homme qui peut nous suivre.

382. Ce qui empêche qu'un menteur ne se corrige, c'est qu'il tire vanité de ses mensonges.

383. Comme saint Paul se rendait à Damas pour persécuter les disciples de J. C., Dieu le frappa tout à coup d'une lumière très-vive qui porta la vérité dans son ame ; et cet homme qui ne respirait que fureur, se trouva tout d'un coup touché, instruit et rempli de charité.

384. Quoi ! seigneur, se peut-il que d'un cours si rapide,
La victoire vous ait remené dans l'Aulide ?

385. La belle retraite des dix mille a plus ennobli la carrière militaire de Cyrus que les plus belles conquêtes.

386. Sixte v, en faisant élever un magnifique mausolée à Pie v, témoigna publiquement sa reconnaissance, pour tous les bienfaits qu'il en avait reçus.

387. Aux yeux d'un tyran, tous ceux qui n'ont point opprimé la patrie comme lui sont des rebelles. Croyant qu'il n'y a pas de lois là où il n'y a pas de juges, il ne voit que des arrêts du ciel dans les caprices du sort et de la fortune.

388. On doit éviter avec soin toute construction, qui, quelle qu'en soit l'élégance, présenterait une image fausse.

389. L'art de feindre, dans l'une et dans l'autre fortune,
N'est rien que l'art d'une ame ou perfide ou commune.

390. Peu de choses nuisent absolument à un bon esprit, parce que tout l'instruit.

391. Les images dangereuses des plaisirs sont mille fois plus à craindre pour le cœur, que ne le sont les plaisirs mêmes.

392. Le langage de l'homme hypocrite n'est susceptible d'aucune interprétation : ni sa langue, ni son cœur ne sont jamais d'accord.

393. Quiconque accuse trop les hommes, s'accuse soi-même.

394. On n'a jamais plus de peine à résister à la flatterie, que quand elle s'exerce devant témoins.

395. Les éloges que nous donnons à nos ennemis les accusent plus que nos plaintes.

396. Le mahométisme, fondé par Mahomet, en 620, domine en Asie, en Afrique, et dans une partie de l'Europe.

397. La vie est un dépôt confié par le ciel :
Oser en disposer, c'est être criminel.

398. Plus nous nous appliquerons à connaître les merveilles de la nature, plus nous y admirerons la sagesse de celui qui, après les avoir créées, les soutient et les conserve.

399. Parmi toutes les choses dont la connaissance est nécessaire à l'homme, celle qui doit l'occuper le plus est, sans contredit, la connaissance de lui-même.

400. Quelle variété admirable présentent les productions de la terre, chacune dans son genre, et dans les temps marqués par la Providence, pour les besoins et pour les plaisirs même des hommes !

401. La jeunesse est la fleur de la nation tout entière; mais c'est dans la fleur qu'il faut préparer le fruit, et c'est en veillant sur l'éducation des enfants qu'on en fait des hommes utiles à eux-mêmes, et à leurs semblables. Qu'on leur apprenne donc, dès leur enfance, à détester l'injustice, le mensonge, l'ingratitude, et à fuir toutes ces délices qui amollissent les hommes. Qu'ils apprennent à être fidèles à leurs promesses, tendres pour leurs amis, et compatissants envers tous les hommes; qu'ils craignent plus les reproches de leur conscience que les tourments et la mort.

CHAPITRE XXV.

___

EXERCICES

SUR LA PONCTUATION.

(*V*. Grammaire p. 193 et suiv.)

Emploi de la virgule.

1. Les faux talents sont hardis , effrontés , souples, adroits et jamais rebutés.

2. Avec le sentiment de la divinité , tout est grand , noble , invincible dans la vie la plus étroite ; sans lui , tout est faible , déplaisant et amer au sein même des grandeurs.

3. Quand on conseille la vertu aux autres, on augmente les raisons qu'on a de la pratiquer.

4. Celui qui doute et qui observe augmente sa science.

5. L'homme véritablement libre est celui qui, dégagé de toute crainte et de tout désir , n'est soumis qu'à sa raison , et aux décrets de la Providence.

6. Se vaincre est d'un héros, pardonner, d'un dieu.

7. L'aimant, comme un génie tutélaire, guide les navigateurs au sein des mers , et les éclaire sur la route qu'ils doivent tenir , quand toutes les autres lumières les abandonnent.

www.ingramcontent.com/pod-product-compliance
Lightning Source LLC
Chambersburg PA
CBHW072229270326
41930CB00010B/2056